HÄDECKE

ralf hiener, olaf schnelle, anne freidanck

ESSBARE LANDSCHAFTEN

wildkräuter

Natur & Küche

Inhalt

starters & grundrezepte

suppen & eintopf

salate & gemüse

risotto & getreide

gnocchi & pasta

kraut & fisch

moderne klassiker

süßes & fruchtiges

rezepte von michael hoffmann aus dem restaurant ›margaux‹

gärtnerische aspekte

bedeutung der kräuter heute

richtiger umgang mit kräutern

warenkunde

anhang

abkürzungen

l = Liter

dl = Deziliter = 100 ml

cl = Zentiliter

ml = Milliliter (1.000 ml = 100 cl = 10 dl = 1 l)

EL= Esslöffel

TL= Teelöffel

Msp = Messerspitze

g = Gramm

kg = Kilogramm

Nachfolgende Seite, oben links: Olaf Schnelle und Ralf Hiener

Rosmarin
www.EssbareLandschaften.de
Ysop
Fon: 038328 535780
www.EssbareLandschaften.de
Bronzefenchelblüten
Fon: 038328 535780

Einleitung

Wildkräuter erleben seit einigen Jahren eine Renaissance und sind im wahrsten Sinne des Wortes »in aller Munde«. Noch vor gar nicht langer Zeit als Unkraut oder gar als Armeleutenahrung verschrien, trifft man auf guten Wochenmärkten nebst Rauke und Basilikum inzwischen wieder auf Hirtentäschel, Sauerampfer & Co. Besonders bemerkenswert ist der Einzug heimischer Wildkräuter in den deutschen Restaurants, wo junge Köche neugierig und mit viel Enthusiasmus ständig neue Varianten moderner Kräuterküche präsentieren.

Dies ist nicht zuletzt Verdienst einer Gärtnerei, die seit dem Jahr 2000 in Vorpommern auf fünf Hektar Fläche ein europaweit einzigartiges Sortiment an Wild- und Gewürzkräutern kultiviert. An die hundert verschiedene Kräuter wie auch essbare Blüten werden frisch per Paketdienst im gesamten Bundesgebiet vertrieben. Der Name der Gärtnerei lautet wie dieses Buch:

ESSBARE LANDSCHAFTEN

Die Einzigartigkeit dieser Spezialitäten-Gärtnerei zeigt sich nicht nur in den Produkten, sondern auch in der besonderen Verbindung des Unternehmer-Duos, bestehend aus dem Koch Ralf Hiener sowie dem Gärtner Olaf Schnelle. Beide verfügen in ihrem jeweiligen Fachgebiet über ein profundes Wissen und jahrelange praktische Erfahrung. Die gemeinsam gegründete Gärtnerei und der damit einher gehende tägliche Austausch haben den beiden nochmals eine Fülle neuer Erfahrungen, in kulinarischer wie auch botanischer Hinsicht, beschert.

Dass Wildkräuter in der modernen Küche ihren festen Platz haben, und dies nicht nur als Salat oder als Dekoration am Tellerrand, wird in den Rezepturen schnell deutlich. Dieses Buch will zeigen, dass der Umgang mit wilden Kräutern Freude bereitet, im Garten wie auch in der Küche, und dass ihnen ein ganz selbstverständlicher Platz neben den bekannten Küchenkräutern gebührt.

Küchenaspekte

Ralf Hiener

Als Sohn einer Schwarzwälder Gastronomenfamilie kam ich schon in jungen Jahren mit unterschiedlichsten Leckereien aus der Natur in Berührung. Die Begeisterung für gutes Essen und hervorragende Produkte hatte zur Folge, dass ich (ausgestattet mit einer ordentlichen Portion Talent) in die Fußstapfen meines Vaters trat und das Kochen erlernte. Ich kann mich noch gut an ganze Rehe, Wildschweine und Fasane erinnern, die allesamt an Haken in der Garage hingen, um dort zu ihrer optimalen Reife zu gelangen. In den 70er Jahren hatten wir zu Hause sogar noch eigenes Vieh im Stall, außerdem befand sich ein kleiner Gemüsegarten hinter dem Gasthaus. Milchprodukte sowie Hühnereier bekamen wir täglich frisch vom benachbarten Bauern – die traditionelle Zusammenarbeit zwischen Gast- und Landwirt wurde damals noch völlig selbstverständlich praktiziert.

Frische Kräuter spielten in Vaters Küche zwar nicht die Hauptrolle, zu bestimmten Zeiten im Frühjahr und im Sommer hingegen, wenn der Kräutergarten von Frau Nachbarin in sattem Grün erstrahlte und geerntet wurde, sah man vor lauter Grünzeug die Küche nicht mehr. Dieses wurde dann direkt zu Kräuterbutter, Paste, Essig oder Salz verarbeitet und somit gleichzeitig für den Rest des Jahres konserviert. Aus dieser Zeit stammt übrigens eines meiner Leibgerichte: Schnittlauchbrot! Man nehme ein Bund feinröhrigen Schnittlauch, frisches Bauernbrot und Butter. Das Brot in nicht zu dünne Scheiben schneiden, mit ordentlich Butter bestreichen, Schnittlauch in allerfeinste Röllchen schneiden und das Brot mit der Butterseite darin eintauchen – ein wahrer Hochgenuss.

Während meiner Wanderjahre in den 80er Jahren wurde ich neben den klassischen Küchenkräutern wie Dill, Petersilie oder Kerbel auch mit den ersten Wildkräutern in Form von Bärlauch, Löwenzahn und Brennnessel bekannt gemacht; konnte mich damals aber – ehrlich gestanden – nicht allzu sehr für das »Unkraut« begeistern. Meine damalige Passion galt einzig der klassischen französischen Küche.

Der Einzug der mediterranen Küche in Deutschland zu Beginn der 90er Jahre bescherte mir einen häufigeren, bewussteren Einsatz aromatischer Kräuter wie Basilikum, Thymian, Rosmarin oder

Rucola. Die Kombination aus regionalen Produkten mit südländischen Kräutern inspirierte mich sehr. Neben den geschmacklichen Aspekten lag mein Augenmerk auch stets auf den gesundheitsfördernden Wirkungen leicht zubereiteter Kräutergerichte.

Eine regelrechte Offenbarung war für mich die Begegnung mit Olaf Schnelle, den ich vor sieben Jahren in meinem damaligen Restaurant an der Ostsee kennen lernte. Der Gartenbauingenieur und Wildkräuterspezialist bot während der milden Jahreszeit nahezu fünfzig unterschiedliche, essbare Wildkräuter, alle frisch gesammelt, zum Kauf an. Deren Namen hatte ich zuvor niemals gehört, mir war aber sofort klar, dass es sich um ein ungemein spannendes Thema handelt. Die Vielfalt an Aromen, Gerüchen und Farben heimischer Wildkräuter hat es mir angetan, ich befinde mich seitdem auf kochender Entdeckungsreise. Die bisher gesammelten kulinarischen Erfahrungen im Umgang mit den »heimischen Exoten« möchte ich Ihnen in Form von neuen Rezepturen und Anregungen in diesem Buch näher bringen. Viel Freude und gutes Gelingen wünscht herzlichst

Ihr Ralf Hiener

Vorbemerkung

Alle Rezepte sind, soweit nicht anders vermerkt, in ihren Zutaten für vier Personen berechnet.

- Bevor Sie mit der Zubereitung einzelner Gerichte beginnen, empfehle ich Ihnen eine Degustation verschiedener Kräuter. Auf diese Art bekommen Sie den vollen, unverfälschten Geschmack des jeweiligen Krauts auf die Zunge und in den Mund und gleichzeitig ein Gefühl für Kombinationsmöglichkeiten. Zerkauen Sie geringe Mengen und machen Sie sich dazu einige Notizen (bitter, süßlich, mild, scharf, usw.).
- Seien Sie mutig und tauschen Sie hin und wieder das eine mit dem anderen Kraut aus. Werden Sie kreativ und finden Sie Ihre eigenen »grünen Lieblinge« heraus.
- Versuchen Sie, Ihren persönlichen Leibgerichten durch Verwendung von Kräutern eine andere Note zu geben. Auf diese Art kommen Sie schnell zu ersten Erfolgen.
- Achten Sie bei der Verwendung von Kräutern darauf, dass möglichst nur junge, zarte Pflanzenteile zum Einsatz kommen.
- Wenn möglich, greifen Sie auf Lebensmittel, insbesondere Kräuter, Salate und andere Rohkost, aus biologischem Anbau zurück.
- Grünzeug jeglicher Art sollte vor der Verarbeitung gründlich mit kaltem Wasser gewaschen werden.
- Geben Sie Kräuter, die erhitzt zum Einsatz kommen (Soßen oder Suppen), immer erst im letzten Moment bei, das erhält die Farbe und das Aroma.
- Variieren Sie bei den Mengenangaben zu Kräutern in den jeweiligen Rezepten nach Ihrem eigenen Geschmack. Wenn Ihnen das Aroma zu kräftig erscheint, dann reduzieren Sie entsprechend die Menge. Das Gelingen der Rezeptur ist davon in der Regel nicht abhängig.

Bild rechts: Rezept von Seite 116, Crème von Chinesischem Senf, Taubnesselsalat mit Limette und Kartoffelcroûtons

Kräuterpesto mit Nussöl

50 g Pinienkerne

40 g geriebener Parmesankäse

2 EL Haselnüsse
bzw. Mandelblättchen

100 g Basilikumblätter

200 ml Haselnuss- oder Mandelöl

Salz, weißer Pfeffer aus der Mühle

Pinienkerne, Käse und Nüsse im Küchenmixer mit etwas Öl fein pürieren. Dann das Basilikum und Gewürze beigeben, ebenfalls mixen. Die entstandene Masse in eine Schüssel geben und mit dem restlichen Nussöl aufrühren.

Ein universelles Pestorezept, das Sie vielfältig einsetzen können. Nach Bedarf kann auch etwas zerdrückter Knoblauch beigefügt werden. Geschmacklich besonders gut finde ich dieses Pesto, wenn es mit steirischem Kürbiskernöl aufgerührt wird.

Bärlauch-Schmantdressing

500 ml (½ l) Schmant

100 ml kräftige Gemüsebrühe

Saft einer halben Zitrone

1 Bund Bärlauch (80 g)

100 ml Haselnussöl

Salz, weißer Pfeffer aus der Mühle

Schmant mit kalter Brühe, den Gewürzen sowie dem Zitronensaft mixen. Den Bärlauch grob schneiden, zugeben und mit dem Schmant fein mixen. Das Nussöl in den relativ flüssigen Schmant einrühren, bei Bedarf mit etwas kalter Brühe auf die gewünschte Konsistenz bringen. Nochmals abschmecken.

Dieses Dressing passt zu vielen Blattsalaten. Originell ist die Beigabe zu grob gestampften Kartoffeln und Wiener Schnitzel.

Kräuterkruste mit Nüssen

100 g fein gehackte Nusskerne (Haselnüsse, Walnüsse, Pinienkerne, Mandeln)

90 g weiche Butter

50 g fein geriebenes Weißbrot ohne Rinde

40 g fein gehackte Kräuter wie Thymian, Rosmarin, Ysop, Blattpetersilie

Salz, weißer Pfeffer, Muskatnuss

Nüsse in einer beschichteten Pfanne ohne Fett leicht anrösten.

Butter schaumig rühren. Nüsse, Weißbrot, Kräuter sowie Gewürze zufügen und alles gut miteinander vermengen. Dann mit Hilfe einer Klarsichtfolie eine Rolle formen und für einige Stunden kühl stellen.

Diese Kruste ist universell einsetzbar, schmeckt am besten zu kurz gebratenen Fleischmedaillons, unabhängig von der Fleischsorte. Einfach von der Nussrolle dünne Scheiben schneiden, gebratene Medaillons damit belegen und unter dem Grill überbacken. Passt ebenso gut zu Fischfilet.

Mein Favorit sind Rehmedaillons mit Nusskruste und einer kräftigen Wildsoße, dazu Kartoffelpüree und Kohlrabi.

Kräuterpaste

100 g sortenreines Kraut wie z. B. Bärlauch, wilde Rauke, Gelbsenf, Vogelmiere, Basilikum, Giersch, Kapuzinerkresse, Blattpetersilie

100 ml Sonnenblumen- oder Olivenöl

½ Knoblauchzehe

7–8 g Salz, weißer Pfeffer aus der Mühle

Das jeweilige Kraut sowie Knoblauchzehe sehr fein hacken oder im Mixer mit wenig Öl fein pürieren. In einer Schüssel nach und nach mit Sonnenblumen- oder Olivenöl und Salz zu einer Paste rühren, das Salz sollte vollständig aufgelöst sein. Die Paste in ein passendes Gefäß umfüllen und mit etwas Öl beträufeln. Abschließend mit Pergamentpapier bedecken, so bleibt die Oberfläche schön grün.

Diese Paste enthält im Vergleich zum klassischen Pesto weder Nüsse noch Käse. Die Paste lässt sich mit den unterschiedlichsten Kräutern herstellen und kann auf vielfache Art weiter verarbeitet werden.
Aromatisieren Sie damit Soßen, heben Sie die Paste unter ein Kartoffelpüree, unter Risotto, servieren Sie sie zu Pasta oder bereiten Sie damit eine Vinaigrette.

Die Paste ist gekühlt einige Monate haltbar. Wenn Ihnen manche Kräuter geschmacklich zu kräftig sind, mischen Sie zur Hälfte Blattpetersilie darunter.

Fruchtige Kräuter-Gelees zum Frühstück

1 l Apfelsaft

15–20 g Apfelpektin aus dem Reformhaus

500 g Zucker

50 ml Zitronensaft

1 Bund (80 g) sortenreines Kraut mit kräftigem Aroma, wie z. B. Salbei, Thymian, Rosmarin, Bronzefenchel, Lavendel

Apfelsaft erhitzen, vom jeweiligen Kraut einige Blättchen als Einlage beiseite legen, restliches Kraut grob geschnitten zum Saft geben und bei etwa 50 °C–60 °C eine halbe Stunde ziehen lassen. Anschließend durch ein Leinentuch seihen und etwas abkühlen lassen. Pektin mit Zucker mischen und zum Saft geben. Den Saft aufkochen, abschäumen und Zitronensaft sowie die Einlage-Kräuter beigeben. Eine Gelierprobe machen und in vorbereitete Weckgläschen füllen.

Schon zum Frühstück haben Sie mit diesem Rezept die Welt der Kräuteraromen auf dem Tisch. Auch feine Blütengelees lassen sich so zubereiten; verwenden Sie dazu unbedingt getrocknete Blüten. Mein Favorit ist ein Gelee aus Ringelblumenblüten mit Safranfäden aromatisiert. Der Zuckeranteil lässt sich auch reduzieren, die Gelees ergeben dann, mit etwas Olivenöl aufgerührt, auch eine reizvolle Begleitung zu gebratenem Fisch oder Fleisch.

Kräuter-und Blütensirup

Für den Kräutersirup:

200 g sortenreines Kraut wie z. B. Sauerampfer, Vogelmiere, Basilikum, Süßdolde u. a.

200 ml Mineralwasser

2 EL Puderzucker oder Honig

Saft von 3 Zitronen

einige zerstoßene Eiswürfel

Kräuter nach Angebot kalt abbrausen, trocken tupfen und Stängel entfernen. Alle Zutaten mit dem Stabmixer sehr fein pürieren, anschließend an einem kühlen Ort in einem Sieb, das mit einem Leinentuch ausgelegt ist, abtropfen lassen. Den entstandenen Kräutersirup in dunkle Flaschen umfüllen, gut verschließen und kühl aufbewahren.

Für den Blütensirup:

40 Ringelblumenblüten

500 ml (½ l) klarer Apfelsaft

100 g Zucker oder Honig

einige Safranfäden

Saft einer Zitrone

Von den Ringelblumen die Blütenblätter abzupfen und an einem warmen Ort langsam trocknen.

Restliche Zutaten in einem Topf erhitzen, der Zucker sollte sich vollständig auflösen, und die getrockneten Ringelblumenblüten zugeben. Für mindestens eine Stunde bei etwa 50–60 °C ziehen lassen, am Schluss Zitronensaft zugeben. Anschließend durch ein Sieb mit Leinentuch abseihen und abkühlen lassen. Den Sirup in eine dunkle Flasche füllen und kühl aufbewahren.

Ein toller Begrüßungsdrink für jeden Empfang. Sie können mit den beiden Sirupvarianten Sekt oder auch Weißwein aromatisieren. Für die Kleinen verwenden Sie Mineralwasser oder auch einen Saft (Kirschsaft passt sehr gut zu Basilikumsirup). Verbrauchen Sie den Sirup innerhalb von drei Wochen. Wenn der Sirup am Tag der Herstellung verwendet wird, dann kann der Zucker weggelassen werden, er dient vorwiegend zur Konservierung.

Kräuter-Ayran

750 ml (¾ l) Joghurt

einige zerstoßene Eiswürfel

150 g sortenreine,
grob geschnittene Kräuter
(siehe unten)

Salz

Joghurt mit zerstoßenem Eis und Salz sehr schaumig mixen (evtl. etwas kaltes Wasser zugeben) und Trinkgläser zur Hälfte damit auffüllen. Die Kräuter zum restlichen Joghurt geben und sehr fein mixen. Mit diesem Kräuterjoghurt die Gläser auffüllen und kalt servieren.

Der ideale Drink für heiße Sommertage und zu scharfem Essen. Ayran stammt ursprünglich aus dem Kaukasus und aus Bulgarien, ist aber auch im Orient und in der Türkei sehr beliebt, dort gilt es praktisch als Nationalgetränk, das vor allem durch Mineralien in Form von Salz sehr erfrischend wirkt. Achten Sie bei der Zubereitung darauf, dass alle Zutaten sehr kalt sind. Das Spiel mit den Aromen macht einen Kräuter-Ayran sehr vielfältig. Versuchen Sie einmal folgende Kräuterkombination: Vogelmiere, Basilikum, Giersch, Gundermann (dann aber maximal 20 g davon), Sauerampfer oder Bronzefenchel. Mit etwas Übung können Sie mit den Aromen und verschiedenen Grünfärbungen eine Art Macchiato zaubern. In Tumblern serviert ist dieses Getränk ein überraschender Beginn einer Gartenparty. Ebenso spannend sind Varianten mit Gemüsepürees, diese sollten dieselbe Konsistenz wie der Joghurt besitzen. Die Kleinen mögen die mit Honig und Orangensaft (ohne Salz) gewürzte Version des Ayran besonders gerne.

Kräutervinaigrette

Für die Bärlauch-Kernölvinaigrette:

10 große Blätter Bärlauch

100 ml Geflügelbrühe

1 fein gewürfelte Schalotte

40 ml Balsamicoessig

60 ml Sonnenblumenöl,
20 ml Kürbiskernöl

Salz, schwarzer Pfeffer aus der Mühle, einige Spritzer Zitronensaft

Bärlauchblätter grob schneiden, Geflügelbrühe mit Schalotten auf ein Viertel einkochen, etwas abkühlen lassen. Zerkleinerte Bärlauchblätter mit der Brühe fein pürieren, restliche Zutaten mit einem Schneebesen unterrühren.

Diese pikante Vinaigrette passt ebenso zu Blattsalaten wie zu einem Kartoffelsalat. Schmeckt auch prima vermischt mit Kapern und fein geschnittenen, blanchierten Zwiebeln zu Roastbeef oder Tafelspitzsülze.

Für die Basilikum-Tomatenvinaigrette:

3 Tomaten,
½ zerdrückte Knoblauchzehe

1 Bund Basilikum (30 g)

40 ml weißer Balsamicoessig

100 ml fruchtiges Olivenöl

Salz, weißer Pfeffer aus der Mühle

Tomaten mit der Knoblauchzehe pürieren und mit Hilfe eines Tuches gut ausdrücken. Aufgefangenen Saft auf etwa ein Drittel reduzieren, abkühlen lassen und zusammen mit Basilikum fein pürieren. Restliche Zutaten unterrühren und kühl stellen.

Eine Universalvinaigrette für die Sommermonate. Sie können alles vorbereiten, sollten jedoch das Basilikum erst kurz vor dem Gebrauch zugeben; so bleibt alles schön grün und aromatisch .

Kräutervinaigrette – Fortsetzung

Für die Koriander-Sesamvinaigrette:

1 Bund Blattkoriander (25 g)

5 cl Ingwersirup,
5 cl Sojasauce

100 ml Sherryessig

3 EL gerösteter Sesam

1 TL Honig

Salz, weißer Pfeffer aus der Mühle

5 zerstoßene Korianderkörner

Fein geschnittenen Blattkoriander ohne Stiele mit den restlichen Zutaten gut verrühren und eine Stunde durchziehen lassen.

Eine tolle Vinaigrette zu Salat mit gebratenen Krustentieren oder Geflügel. Auch sehr lecker: einige Wildkräuter damit marinieren, dann unter Kartoffelpüree heben und dazu kurz gebratene Kalbsleber oder ein Spiegelei servieren.

Für die Thymian-Orangenvinaigrette:

1 Bund Thymian (20 g)

1 TL brauner Zucker

100 ml frisch gepresster Orangensaft

4 cl Apfelessig

4 cl Mandelöl, 4 cl Traubenkernöl

Salz, weißer Pfeffer aus der Mühle

Thymianblättchen von den Stielen abrubbeln (einige als Einlage zurückbehalten), in einem kleinen Töpfchen mit Zucker hell karamellisieren, mit Orangensaft ablöschen und auf etwa ein Drittel reduzieren. Saft durch ein Sieb seihen und mit den restlichen Zutaten verrühren. Restliche Thymianblättchen sehr fein hacken und in die Vinaigrette streuen.

Sie können diese Variante auch mit Rosmarin oder Ysop ausprobieren. Das Ergebnis wird immer eine intensiv nach dem jeweiligen Kraut schmeckende Vinaigrette sein. Wenn Sie sich vorstellen, statt des Orangensaftes mit Brühe, z.B. Fleisch- oder Fischbrühe, zu arbeiten, dann können Sie sich die Aromenvielfalt sicherlich leicht ausmalen.

Wildkräuter-Käsetarte

Für den Teig:

150 g Mehl

100 g weiche Butter

etwas Wasser und Salz

Aus Mehl, Butter, Wasser und Salz einen glatten Teig herstellen, diesen dann in Folie einschlagen und bei Zimmertemperatur ruhen lassen.

Für die Füllung:

200 g fein gewürfelte Zwiebeln

30 g Butter

200 g grob geschnittene Wildkräuter nach Angebot (Bärlauch, Rauke, Brennnessel)

Für den Käseguss:

180 g Emmentaler bzw. gereifter Gouda

20 g Mehl

150 ml Milch

3 Eier

Salz, weißer Pfeffer aus der Mühle, Muskatnuss

Springform ø 26 cm

Zwiebelwürfel in Butter glasig dünsten, Wildkräuter zugeben, würzen und wie einen Spinat leicht zusammenfallen lassen, die Masse abkühlen lassen. Käse grob reiben; Mehl mit Milch in einer Schüssel glatt rühren, dann Eier, geriebenen Käse sowie Gewürze zugeben und sorgfältig verrühren.

Den Teig etwa 3 mm dünn ausrollen und eine Springform damit auslegen, den Rand etwa 4 cm hochziehen. Die Kräuter-Zwiebelmischung gleichmäßig in der Form verteilen, mit Käseguss auffüllen und im auf 190 °C vorgeheizten Backofen 5 Minuten anbacken. Dann die Hitze auf 140 °C reduzieren und den Kuchen in ca. 20–25 Minuten fertig backen.

Die Tarte etwas abkühlen lassen und aus der Form nehmen. Dann nach Belieben in Stücke schneiden und noch warm mit marinierten Wildkräutern servieren.

Diese Tarte ist sehr einfach in der Zubereitung und eignet sich wunderbar für viele Gäste. Eine schöne Variante im Frühjahr ist Bärlauch pur (zuvor blanchieren) mit gerösteten Pinienkernen.

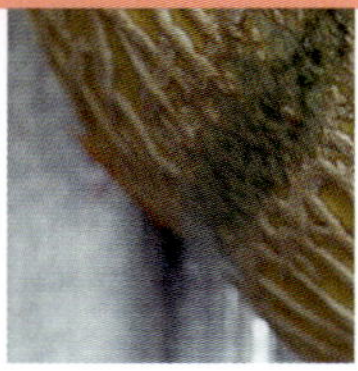

Geeiste Melonensuppe mit Minze

2 reife Cavaillonmelonen

1/8 Wassermelone

Saft einer halben Zitrone

1 Bund frische Minze (80 g)

Die Cavaillonmelonen quer halbieren, Kerne und Kerngehäuse sorgfältig mit Hilfe eines Löffels entfernen. Dann mit einem Kugelausstecher insgesamt 16 schöne Kugeln ausstechen und kühl stellen. Das restliche Fruchtfleisch von der Schale abschaben und ebenfalls kühl stellen. Die Schalen zum Anrichten der Suppe aufbewahren.

Aus der Wassermelone ebenfalls 16 Kugeln ausstechen und kühl stellen. Das restliche Fruchtfleisch durch ein Sieb streichen und gemeinsam mit dem Fruchtfleisch der Cavaillonmelonen sowie dem Zitronensaft fein pürieren, anschließend für etwa eine Stunde im Froster unter gelegentlichem Umrühren gut durchkühlen. Die Melonenkugeln in die halbierten Melonenschalen verteilen, mit der geeisten Melonensuppe auffüllen und mit fein geschnittener Minze dekorieren.

Ein wunderbar erfrischender Auftakt für ein leichtes Sommermenü, der auch die kleinen Mäuler erfreut. Ein Gläschen Champagner dazu macht das Süppchen zum echten Hochgenuss.

Kartoffel-Brunnenkressesuppe mit Walnüssen

200 g Kartoffeln, mehlig kochend

1 fein gewürfelte Zwiebel

30 g Butter

600 ml kräftige Fleischbrühe

150 g Brunnenkresse (am besten aus Wildsammlung)

40 g geschälte Walnüsse

40 ml Walnussöl

Salz, weißer Pfeffer aus der Mühle, Muskatnuss

Kartoffeln schälen, die Zwiebelwürfel in Butter glasig dünsten, mit Fleischbrühe auffüllen und gut salzen und pfeffern. Kartoffeln halbieren und in der Brühe weich kochen. Brunnenkresse in kaltem Wasser gründlich reinigen und die Blättchen vom Stiel entfernen. Die Stiele und die Hälfte der Blättchen mit den Kartoffeln und der Brühe fein pürieren, anschließend nochmals abschmecken.

Walnüsse bei mittlerer Hitze in einer beschichteten Pfanne rösten und in grobe Stücke schneiden. Die Kartoffel-Kressesuppe in vorgewärmte, tiefe Teller füllen und mit Walnüssen, Nussöl sowie den restlichen Brunnenkresse-Blättchen dekorieren.

Die Schärfe der Brunnenkresse wird durch die Beigabe von gerösteten Nüssen und Nussöl angenehm gemildert. Eine Suppe, die Sie auch mit anderen Zutaten wie Speck oder mit einem kurz gebratenen Fischfilet servieren können. Auch kalt serviert an heißen Tagen eine raffiniert einfache Suppe.

Birnen-Möhrensuppe mit Sauerampfer und Sauerklee

Für die Möhren:

250 g Möhren

30 g Butter, 1 EL Honig

2 fein gewürfelte Schalotten

600 ml kräftige Gemüsebrühe

Möhren schälen und klein schneiden, Butter zergehen lassen, die Möhren mit den fein geschnittenen Schalotten und Honig darin glasig anschwitzen. Brühe zugeben, würzen und die Möhren etwa 20 Minuten weich köcheln.

Für die Birnen-Kräutermischung:

1 große Birne (Abate Fetel)

60 g Sauerampfer

4 EL Crème fraîche

10 g Sauerklee

Salz, weißer Pfeffer aus der Mühle

Birne schälen und vom Kerngehäuse befreien. Sauerampfer in sehr feine Streifen schneiden. Birnen und Crème fraîche zu den Möhren geben und im Mixer pürieren. Die Suppe anschließend abschmecken. Sauerampfer in vorgewärmte tiefe Teller verteilen, die heiße Suppe einfüllen und mit Sauerklee dekorieren.

Eine sehr fruchtige Suppe, mit aparter Säure, die vom Frühjahr bis zum Herbst Saison hat. Die Kombination aus Erd-und Baumfrucht sorgt für ein harmonisches Aroma, Klee und Ampfer bringen Pfiff.

Statt Ampfer und Klee harmoniert zu dieser Suppe auch Blattkoriander, allerdings genügen dann etwa 50 Gramm Kraut sowie einige zerstoßene Korianderkörner.

Gazpacho verde

3 vollreife, vom Stielansatz befreite Tomaten mittlerer Größe

1 kleine geschälte Salatgurke aus Freilandanbau

1 grüne, geschälte und entkernte Paprikaschote

100 g junger Spinat, 30 g gezupfte glatte Petersilie

je 30 g Vogelmiere, Sauerampfer, Franzosenkraut, Kapuzinerkresseblätter und wilde Rauke (einige kleine Blättchen als Garnitur beiseite stellen)

etwas fein geriebenes Weißbrot vom Vortag, ohne Rinde

100 ml mildes, fruchtiges Olivenöl

Salz, weißer Pfeffer aus der Mühle, einige Spritzer Zitronensaft

Tomaten, Gurke und Paprika in grobe Stücke schneiden, einen Teil von Gurke und Paprika für die Garnitur beiseite stellen, so viel, dass es für vier Esslöffel fein geschnittene Würfelchen ausreicht.

Die Gemüsestücke mit einem Teelöffel Salz im Mixer fein pürieren, in einem Sieb mit Tuch abtropfen lassen und das Tuch anschließend ordentlich auswringen, Flüssigkeit kalt stellen.

Spinat sowie Petersilie in Salzwasser blanchieren und eiskalt abschrecken, anschließend gut ausdrücken. Die blanchierten Kräuter zusammen mit den Wildkräutern und dem gewonnenen Gemüsesaft im Mixer sehr fein pürieren, mit Salz, Pfeffer und Zitrone abschmecken. In eine Schüssel umfüllen und fein geriebenes Weißbrot sowie Olivenöl einrühren. Die Suppe anschließend nochmals kühl stellen.

Eine tolle Suppe für die warme Jahreszeit, wobei auch die heiße Variante für die kühlen Frühlingsabende machbar ist – Sie sollten die Kräuter dann jedoch erst kurz vor dem Servieren mit heißem Gemüsesaft pürieren und die Suppe sofort anrichten. Ein Klecks Schmant und geröstete Weißbrotscheiben passen gut dazu. In der Auswahl der Kräuter sind Sie sehr flexibel: Wer es gerne etwas sauer mag, der benutzt mehr Sauerampfer, wer es lieber scharf mag, verwendet mehr Rauke und Kresse.

Brennnessel-Tomatensuppe mit Chili

Für die Tomaten:

4 enthäutete und vom Stielansatz befreite Fleischtomaten

1 fein gewürfelte Schalotte

½ zerdrückte Knoblauchzehe

20 ml Olivenöl, 1 Prise Zucker

Chilipulver

Für die Brennnesseln:

150 g Brennnesselspitzen

600 ml kräftige Gemüsebrühe

50 ml Sahne (Rahm)

Olivenöl zum Frittieren, Salz, schwarzer Pfeffer aus der Mühle, Muskatnuss

Tomaten grob schneiden. Schalottenwürfel mit Knoblauch und Zucker in Olivenöl glasig schwitzen, dann grob geschnittene Tomaten beigeben, würzen und bei milder Hitze so lange einköcheln lassen, bis fast alle Flüssigkeit verdampft ist. Chili nach gewünschter Schärfe zugeben und die Tomaten warm stellen.

Einige Brennnesselspitzen zur Garnitur beiseite legen, restliche Brennnesseln in Salzwasser blanchieren, eiskalt abschrecken, anschließend gut ausdrücken und grob hacken. Brühe aufkochen und zusammen mit den Brennnesseln und Sahne fein pürieren. Mit Salz, Pfeffer und Muskatnuss abschmecken. Brennnesselspitzen in heißem Fett ausbacken, auf Küchenkrepp legen und leicht salzen. Tomatensugo in tiefe Teller anrichten, mit Brennnesselsuppe auffüllen und mit ausgebackenen Spitzen garnieren.

Entscheidend für diese sehr pikante Suppe ist die Frische und Zartheit der Brennnesseln. Ernten Sie immer nur die jungen Spitzen. Dazu passt in Olivenöl geröstetes Roggenbrot.

Gemüseeintopf mit Wildkräuternockerl

Für die Nockerl:

90 g Butter

jeweils 20 g wilde Rauke, Kapuzinerkresse, Blattpetersilie, Wildkerbel

2 mittelgroße Eier (etwa 100 g)

200 g Hartweizengrieß

Salz, Muskatnuss

Für den Gemüseeintopf:

2 mittelgroße, fein gewürfelte Zwiebeln

1 Knoblauchzehe

4 cl Olivenöl

500–600 g gewürfeltes Gemüse wie Kohlrabi, Fenchel, Möhren, Staudensellerie, Lauch, Weiße Rüben, Kürbis

750 ml (¾ l) Gemüsebrühe

100 g gewürfelte Kartoffeln

Salz, weißer Pfeffer aus der Mühle, Lorbeerblatt

Butter schaumig rühren. Kräuter kurz blanchieren, eiskalt abschrecken und mit Hilfe eines Tuches gut ausdrücken. Die Kräuter grob hacken und mit den Eiern im Mixer sehr fein pürieren. Grieß untermischen und die Masse abschmecken. Mit zwei kleinen feuchten Löffeln Nockerl abstechen und vorsichtig in einen breiten Topf mit kochendem Salzwasser geben. Die Nockerl kurz aufkochen, abdecken und bei mittlerer Hitze etwa 20 Minuten ziehen lassen.

Zwiebeln sowie eine zerdrückte Knoblauchzehe in Olivenöl glasig schwitzen, dann die Gemüsewürfel zugeben, leicht salzen und mit Gemüsebrühe auffüllen. Kartoffeln sowie Lorbeerblatt beigeben und etwa 20–25 Minuten köcheln lassen, nochmals abschmecken. Die Nockerl in den Eintopf geben und in einer Suppenterrine heiß servieren.

Ein Gericht, das sehr einfach zuzubereiten ist. Achten Sie beim Einkauf der Gemüse besonders auf das saisonale Angebot. Ein Schälchen frisch geriebener Parmesankäse gibt zusätzlichen Pfiff. Besonders gerne bereite ich diesen Eintopf mit zarten Frühlingsgemüsen und Bärlauchnockerl zu.

Kurz gebratene Wildkräuter mit Schmant und Saiblingskaviar

300 g gemischte Wildkräuter wie Vogelmiere, Giersch, Wildkerbel, Ackerhellerkraut, Rauke, Taubnessel, Brennnessel, weiße Melde und Ackerveilchen

100 g Schmant

4 EL Walnussöl

80 g Saiblingskaviar

Salz, weißer Pfeffer aus der Mühle

Die Wildkräuter gut waschen und evtl. grobe Stiele entfernen. Auf ein Tuch zum Trocknen legen. Den Schmant etwas salzen, gut verrühren und am Herdrand leicht erwärmen. Walnussöl in einer breiten Pfanne erhitzen (nicht zu heiß, das Öl darf auf keinen Fall rauchen). Die vorbereiteten Kräuter zugeben und unter ständigem Wenden für etwa eine halbe Minute kurz braten. Wenn die Kräuter etwas zusammenfallen, sofort leicht salzen und pfeffern. Auf vorgewärmte Teller anrichten, lauwarmen Schmant darüber geben und den Kaviar obenauf verteilen.

Das Aroma der Kräuter kommt durch die kurze Erhitzung schön zur Entfaltung. Schmant sorgt für eine feine Säure und Kaviar verleiht diesem originellen Gericht einen Hauch von Luxus.

Geschmorter Kopfsalat mit Wildkräutern und Graupenvinaigrette

Für den Kopfsalat:

4 große Köpfe Salat

200 g gemischte Wildkräuter wie Vogelmiere, Giersch, Wildkerbel, Pimpinelle, Rauke, Taubnessel, Brennnessel, weiße Melde und Gelbsenf

500 ml (½ l) kräftige Gemüsebrühe

40 g kalte Butter, in Würfel geschnitten

Kopfsalat, wenn nötig, von den äußeren Blättern befreien und den ganzen Kopf unter fließendem Wasser gründlich säubern. Den Strunk über Kreuz einschneiden, das verringert die Kochdauer. Den Salat in reichlich Salzwasser für etwa eine Minute kochen, anschließend in Eiswasser abschrecken. Den ausgekühlten Salat in einem Tuch gut ausdrücken, halbieren und vom Strunk befreien. Die gewaschenen Wildkräuter nun ebenfalls blanchieren, eiskalt abschrecken und gut ausdrücken. Wildkräuter gleichmäßig in die halbierten Kopfsalate verteilen, etwas salzen und die halbierten Salatköpfe wieder zusammenfügen. Die Salatköpfe in einer Kasserolle dicht aneinander legen, mit 100 ml heißer Gemüsebrühe auffüllen und die gewürfelte Butter darüber verteilen. Im vorgewärmten Ofen bei 180 °C mit Deckel für etwa 15 Minuten schmoren, dabei den Salat öfter mit dem Schmorsaft übergießen.

Für die Graupen-Vinaigrette:

100 g Perlgraupen (für einige Stunden in kaltes Wasser einweichen)

100 g Wurzelgemüse

2 fein gewürfelte Schalotten

4 EL Olivenöl, 2 EL Weißweinessig

Salz, weißer Pfeffer aus der Mühle, Muskatnuss

Die eingeweichten Graupen abtropfen lassen, Wurzelgemüse fein würfeln. Die Schalotten in 2 EL Olivenöl anschwitzen, Graupen zugeben und kurz mitdünsten. Restliche Gemüsebrühe auffüllen, würzen und bei mittlerer Hitze weich dünsten. Kurz vor Ende der Garzeit die Gemüsewürfelchen zugeben, so bleibt die Farbe erhalten und das Gemüse hat noch leichten Biss. Restliches Olivenöl und Essig unterrühren, nochmals abschmecken.

Geschmorten Salat aus der Kasserolle heben und auf vorgewärmte Teller anrichten, dabei darauf achten, dass die Schnittseite oben liegt und die Kräuterfüllung zur Geltung kommt. Mit der warmen Graupenvinaigrette servieren.

Ein schönes Zwischengericht für die Sommermonate. Sie können geschmorten Salat auch sehr gut als Beilage zu einem Fleisch- oder Fischgericht servieren.

Griechischer Gemüsesalat mit Wildkräutern in Olivenöl

Für die Tomaten:

12 gelbe und rote Kirschtomaten

100 ml griechisches Olivenöl

2 Stängel Rosmarin, 2 Zweige Thymian, 2 Zweige Majoran

Salz, weißer Pfeffer aus der Mühle

Für das Gemüse:

4 kleine Schalotten

1 kleiner Zucchino

1 kleiner Kohlrabi

8 Frühlingszwiebeln mit Grün

1 rote oder gelbe Paprikaschote

8 kleine Fingermöhren mit Grün

1 Stängel Staudensellerie

100 g gemischte Wildkräuter wie Schafgarbe, Vogelmiere, Pimpinelle, Moschusmalve, Taglilie-Knospen etc.

Saft einer Zitrone

etwas Safranpulver

nach Wunsch einige Oliven und Fetakäse

Die Kirschtomaten halbieren, auf ein Backblech legen, mit Öl beträufeln, kräftig salzen und pfeffern. Gezupfte Nadeln von Rosmarin, Thymian- und Majoranblättchen (½ Menge) darüber streuen und im Ofen bei 150 °C etwa 20 Minuten garen.

Das Gemüse waschen, nach Bedarf schälen und klein schneiden. Die Kräuter ebenfalls waschen und in ein Sieb geben. Die vorbereiteten Gemüse getrennt in reichlich Salzwasser knackig blanchieren, eiskalt abschrecken und anschließend auf ein Tuch legen. Restliches Olivenöl in einem Topf erwärmen und darin die einzelnen Gemüsesorten schwenken, mit Zitronensaft sowie Safran gut vermengen, dann kräftig mit Salz und Pfeffer abschmecken. Restlichen Rosmarin, Thymian und Majoran in Öl braten, anschließend auf Küchenpapier legen. Die Wildkräuter gegebenenfalls kleiner zupfen und ebenfalls mit etwas Öl und Zitronensaft marinieren. Gemeinsam mit dem noch warmen Gemüse und den Ofentomaten anrichten, nach Wunsch mit Blüten dekorieren.

Mit diesem herrlichen Salat können Sie vieles kombinieren, z. B. gegrillten Fisch, auch gegrilltes Fleisch oder Sie servieren ihn pur mit geröstetem Weißbrot und Aïoli.

Spargel und Tomaten in Gelee mit Pesto von der Vogelmiere

Zutaten für 6–8 Personen

Für die Terrine:

350 g nicht zu weich gekochter weißer und grüner Spargel (Fond aufbewahren)

2 mittelgroße Tomaten

250 ml (¼ l) kräftiger Spargelfond

5 Blatt Gelatine

50 g knackig gekochte Gemüsewürfelchen

Salz, weißer Pfeffer aus der Mühle

Puffbohne

Spargelfond aufkochen, etwas reduzieren und durch ein Tuch passieren. Die Tomaten häuten und entkernen, in Würfel schneiden. Die Gelatine einige Minuten in kaltem Wasser einweichen, gut ausdrücken und in den noch heißen Fond geben. (Restflüssigkeit des Fonds nach dem Reduzieren etwa 200 ml), abschmecken. Eine kleine Terrinenform (500 ml-Inhalt) mit etwas Öl einpinseln und mit Klarsichtfolie auslegen. Spargel der Länge nach halbieren und abwechselnd mit den Tomaten sowie den Gemüsewürfelchen in die Form schichten. Den kräftig gewürzten, noch warmen Fond in die Terrine füllen und diese über Nacht kalt stellen.

Für das Pesto:

50 g Vogelmiere

1 EL geröstete Pinienkerne

100 ml Haselnussöl

60 g Puffböhnchentriebe

ca. 10–12 Spargelspitzen

Salz, weißer Pfeffer aus der Mühle

Für das Pesto die Vogelmiere fein schneiden und im Mörser mit etwas Salz zerstoßen. Pinienkerne beigeben und ebenfalls zerstoßen (evtl. mit etwas Spargelfond verflüssigen). Nussöl unterrühren, nochmals mit Salz und Pfeffer abschmecken.

Die kalte Terrine stürzen, mit einem sehr scharfen Messer in Scheiben schneiden und mit Puffböhnchentrieben, Spargelspitzen sowie Pesto servieren.

Der Geschmack nach feinen Erbsen ist sowohl bei der Vogelmiere wie auch bei den Puffböhnchen sehr ausgeprägt und passt ausgezeichnet zum Spargel. Eines meiner Lieblingsgerichte, zu dem ich am liebsten kross gebratene Barschfilets esse.

Vogelmiere

Essbare Aromatherapie

Für den Joghurtmix:

200 ml Joghurt

etwas Milch

50–60 g Basilikumblättchen

Salz, weißer Pfeffer aus der Mühle

Für die marinierten Kräuter:

80 g gemischte Wildkräuter (typische Salatkräuter, sehr fein gezupft)

2 EL Haselnussöl

1 EL Champagneressig

1 TL flüssiger Honig

eine kleine Hand voll Blüten wie Borretsch, Ackerveilchen, Ringelblumen etc.

Joghurt mit Salz, Pfeffer und etwas Milch schaumig mixen und kleine Gläser zur Hälfte damit füllen. Das Basilikum mit dem restlichen Joghurt ebenfalls schaumig mixen und die Gläser damit auffüllen. Die Gläser unbedingt kühl stellen.

Die Kräuter mit Öl, Essig und Honig marinieren, mit Salz und Pfeffer abschmecken. Anschließend gemeinsam mit den Blüten in Whisky-Tumblern anrichten, einen kleinen Teller als Deckel auflegen und darauf den Basilikumdrink stellen. Als praktisches Besteck erweist sich eine Kuchengabel.

Ein spannender Mix für alle Sinne. Der Basilikumdrink ist sehr erfrischend und aus dem Glas steigen wundervolle Kräuteraromen in die Nase. Dieses »Appetithäppchen« können Sie gut vorbereiten, auch wenn die Gästezahl etwas größer ist. Eines ist sicher: Beifall und gute Laune sind garantiert!

Mit Ziegenkäse gefüllte Beinwellblätter in Gemüse-Kräutervinaigrette

Für die Beinwellblätter:

12 große Blätter Beinwell

1 mittelgroße, geschälte Zwiebel

350 g Ziegenfrischkäse

evtl. etwas Milch

Salz, weißer Pfeffer aus der Mühle

Beinwellblätter vom Stiel befreien, in Salzwasser kurz blanchieren, eiskalt abschrecken und mit der Innenseite nach oben auf ein Tuch legen. Von acht Blättern die Spitzen sowie den unteren Teil der Blätter etwa 2 cm breit abschneiden, zusammen mit den übrigen vier Blättern fein hacken und beiseite stellen.

Zwiebel in sehr feine Würfelchen schneiden, blanchieren und zum gehackten Beinwell geben. Ziegenfrischkäse schaumig rühren, evtl. etwas Milch beigeben und die Beinwell-Zwiebelmasse sorgfältig unterheben. Kräftig abschmecken und für mindestens eine Stunde kühl stellen (die Masse wird wieder etwas fester und lässt sich besser einrollen).

Für zwei Beinwell-Rouladen jeweils vier Blätter leicht überlappend nebeneinander legen, Frischkäsemasse gleichmäßig auf die Blätter verteilen, die Blätter vom breiteren Ende her einrollen, in Klarsichtfolie wickeln und in Form bringen. Die Rouladen nochmals kühl stellen.

Für die Auberginenchips:

1 kleine Aubergine

100 g Butterschmalz oder Pflanzenöl

Für die Chips die Aubergine in sehr dünne Scheiben schneiden, die Scheiben leicht salzen und eine halbe Stunde ziehen lassen, anschließend trocken tupfen. Butterschmalz in einem hohen schmalen Topf auf 180°C erhitzen, goldbraune, knusprige Chips ausbacken und auf Küchenkrepp ausbreiten, anschließend nochmals leicht salzen.

Für die Gemüse-Vinaigrette:

200 g Gemüsewürfel (Möhren, weiße Rüben, Kohlrabi, Kürbis)

100 g Radieschenschoten, siehe Seite 157

60 g gemischter Wildkräutersalat nach Saisonangebot (Vogelmiere, Giersch, Franzosenkraut, Puffböhnchen, wilder Kerbel)

40 ml Mandelöl, 20 ml Weißweinessig, einige Spritzer Zitronensaft

Salz, weißer Pfeffer aus der Mühle

Gemüsewürfel mit den Radieschenschoten in Salzwasser knackig kochen, abgießen und mit Öl, Essig, Zitronensaft sowie Gewürzen eine Vinaigrette herstellen. Anschließend die Wildkräuter beigeben, sorgfältig mit den Gemüsewürfeln vermengen und marinieren lassen.

Fertigstellung: Rouladen aus der Folie drehen und mit einem angefeuchteten, sehr scharfen Messer portionieren (das ergibt ein schöneres Schnittbild). Gemüsevinaigrette und Kräuter auf Teller arrangieren, Beinwell-Rouladen auflegen und mit den Auberginenchips servieren.

Beinwell, in der Küche kaum verwendet, kommt überraschend elegant daher. Seien Sie mutig, sogar frech, was die Füllung betrifft. Als Variation passt zum Beispiel ein Lachstatar, verfeinert mit einer Mischung von Roten Rüben und Schnittlauchvinaigrette.

Salat von wilder Bachkresse mit Radieschen und Ochsenschwanzsülze

Für die Sülze:

4 Scheiben Ochsenschwanz mit Knochen (insgesamt etwa 400 g)

200 g Röstgemüse aus Zwiebeln, Möhren, Sellerie, Lauch und Knoblauchknolle

50 g Butterschmalz

100 ml trockener Rotwein

Balsamicoessig nach Belieben

Salz, gestoßene schwarze Pfeffer- und Pimentkörner, Lorbeerblatt

Für den Salat:

1 Knolle Rote Bete

150 g wilde Bachkresse

8 Radieschen

20 g Gelbsenfblätter

40 ml Distelöl, 20 ml Balsamicoessig, 1 TL süßer Senf

restlicher Schmorfond

Salz, weißer Pfeffer aus der Mühle

Ochsenschwanzscheiben in Butterschmalz bei mittlerer Hitze rundherum anbraten, Röstgemüse zugeben und einige Minuten mitbraten. Gewürze zugeben, mit Rotwein ablöschen, vollständig einkochen lassen und mit etwa zwei Liter Wasser auffüllen. Köcheln lassen (zwischendurch abschäumen), bis das Fleisch vom Knochen fällt. Das Fleisch noch warm in kleine runde Förmchen schichten. Den Schmorfond durch ein Tuch passieren und auf etwa die Hälfte reduzieren. Evtl. etwas Balsamicoessig beifügen und die Förmchen mit der Flüssigkeit randvoll füllen; anschließend kühl stellen. Restlichen Fond für die Vinaigrette aufbewahren.

Rote Bete in Salzwasser weichkochen, abgießen und schälen.

Kresse von den groben Stielen befreien, in feine Scheiben geschnittene Radieschen sowie Gelbsenfblätter untermischen. Aus Distelöl, Essig, Senf und Schmorfond eine Vinaigrette rühren und den Salat damit marinieren. Rote Bete in mundgerechte Stücke schneiden, jeweils um die gestürzte Sülze anrichten. Mit marinierter Kresse sowie Radieschen garnieren.

Wildkräutersalat mit Kürbistörtchen und Koriander-Sesampesto

Für die Törtchen:

4 kleine Ziegenfrischkäse (Mini-Laibe)

1 Muskat-oder Hokkaidokürbis

100 ml Olivenöl

einige Thymianblättchen

Salz, weißer Pfeffer aus der Mühle

Bild zum Rezept: siehe vorige Doppelseite

Den Ziegenfrischkäse in ein Gefäß legen, mit Thymianblättchen bestreuen, Olivenöl zugeben und gut verschlossen an einem kühlen Ort einige Tage ziehen lassen.

Kürbis schälen, Fruchtfleisch in etwa zwei bis drei Millimeter dünne Scheiben schneiden und mit einer runden Form Scheiben in Größe des Ziegenkäses ausstechen. In Salzwasser bissfest kochen, salzen und pfeffern. Restliches Kürbisfleisch für eine Suppe verwenden.

Ziegenkäse aus dem Öl nehmen (restliches Öl für den Kräutersalat verwenden), etwas abtropfen lassen und dann quer in drei gleichmäßig große Stücke schneiden. Abwechselnd Kürbis sowie Ziegenkäse übereinander schichten, sodass kleine Törtchen entstehen.

Für das Pesto:

40 g leicht gerösteter Sesam

80 g Blattkoriander ohne Stiel

20 g geriebener Parmesankäse

150 ml Haselnussöl

Salz, weißer Pfeffer aus der Mühle

Sesam mit Koriander, Parmesankäse und etwas Öl fein mixen, anschließend würzen und restliches Öl unterrühren.

Für den Kräutersalat:

8 Kirschtomaten

Olivenöl

einige Thymianblättchen

100 g gemischte Wildkräuter (Gelbsenf, Moschusmalve, Giersch, Ackerveilchen, Gartenmelde, Taubnessel)

Salz, weißer Pfeffer aus der Mühle

Die Kirschtomaten halbieren, auf ein Backblech legen, mit Öl beträufeln, kräftig salzen und pfeffern. Gezupfte Thymianblättchen darüber streuen und im Ofen bei 150 °C etwa 20 Minuten garen.

Fertigstellung: Kräuter mit Vinaigrette Ihrer Wahl (s. Seite 21, starters) marinieren und zusammen mit den Tomaten auf Teller arrangieren. Kürbistörtchen anlegen und mit Pesto sowie einigen Blüten dekorieren.

Dazu empfehle ich Ihnen einen kräftigen, gut gekühlten Weißburgunder.

Risotto mit Gurke, Kapern und Kapuzinerkresse

350 g Risottoreis (Vialone oder Arborio)

1 fein gewürfelte Zwiebel

4 EL Olivenöl, etwas Butter

200 ml trockener Weißwein

1600 ml heiße, kräftige Gemüsebrühe

1 Salatgurke

2 enthäutete und entkernte Tomaten

60 g Kapern (Nonpareilles)

30 g Kapuzinerkresseblätter

einige Kapuzinerkresseblüten

100 ml geschlagene Sahne (Rahm)

Salz, weißer Pfeffer aus der Mühle, Muskatnuss

evtl. eine Hand voll Rauke

Die Zwiebelwürfel in Olivenöl und Butter glasig schwitzen, ungewaschenen Risottoreis zugeben und ebenfalls kurz anschwitzen. Salzen, mit Weißwein ablöschen und diesen vollständig einkochen lassen.

Die Brühe in kleinen Mengen zum Risotto geben. Im Topf sollte es immer leicht köcheln, die Kochdauer beträgt etwa 20 Minuten. Der Reis nimmt die Brühe nach und nach auf und bekommt während des Garprozesses einen kräftigen Geschmack, Glanz und Sämigkeit.

Die Gurke schälen, entkernen und in Würfel bzw. in Scheiben schneiden. Die Tomaten ebenfalls fein würfeln. Kurz bevor der Risotto gar ist Gurke und Tomaten zugeben und kurz mitkochen. Die Kapuzinerkresseblätter in sehr feine Streifen schneiden, gemeinsam mit der geschlagenen Sahne und den Kapern kurz vor dem Servieren zum Risotto geben. Nochmals abschmecken, in vorgewärmte Schälchen geben und nach Wunsch mit Kapuzinerkresseblüten dekorieren.

Eine äußerst pikante Risottovariante, die es vor allem wegen der Schärfe der Kresse in sich hat. Wer es opulenter mag, kann den Risotto mit Parmesan und Pinienkernen servieren.

Mit Salbei gebratenes Perlhuhn auf Graupenrisotto und Pilzen

Für den Risotto:

100 g Graupen

30 g Gemüsewürfelchen von Möhre und Kürbis

1 fein geschnittene Schalotte

20 g Butter

5 cl Weißwein

100 ml Geflügelbrühe

2 EL geschlagene Sahne (Rahm)

Salz, weißer Pfeffer aus der Mühle, Muskatnuss

Die Graupen für eine Stunde in warmes Wasser legen, anschließend abgießen und gut abtropfen lassen.

Gemüse in kleine Würfel schneiden. Die Schalottenwürfel in Butter glasig schwitzen, die abgetropften Graupen und Gemüsewürfelchen zugeben, würzen, mit Weißwein ablöschen und zusammen mit der Geflügelbrühe langsam einköcheln. Kurz vor dem Anrichten abschmecken und die Sahne unterheben.

Für das Perlhuhn:

4 Perlhuhnbrüste à 160–180 g

4 Scheiben Parma- oder Serranoschinken

12 Blättchen Salbei ohne Stiel

20 g Butterschmalz

Salz, schwarzer Pfeffer aus der Mühle

Perlhuhnbrüstchen trockentupfen und jeweils zwei Blättchen Salbei unter die Haut der Brüstchen schieben: dazu die Haut auf einer Seite etwas vom Fleisch lösen. Die Brüstchen dann wie ein Brötchen quer anschneiden, sodass man sie aufklappen kann. Die Innenseite leicht würzen und jeweils mit einer Scheibe Schinken belegen. Das Brustfleisch wie eine Roulade einrollen, mit Bindfaden wie ein Paket zusammenbinden und in Butterschmalz bei mittlerer Hitze

rundherum etwa zehn Minuten saftig braten. Aus der Pfanne nehmen und warm halten.

Die Brüste fächerförmig aufschneiden, mit Risotto und Pilzen auf vorgewärmte Teller arrangieren.

Für die Pilze:

120–150 g gemischte Pilze nach Angebot (Steinchampignons, Austernpilze, Kräuterseitlinge, Zitronenseitlinge)

1 fein gewürfelte Schalotte

40 ml Pflanzenöl, 10 g Butter

1 kleiner Bund Schnittlauch oder Schnittknoblauch

Salz, weißer Pfeffer aus der Mühle, einige Spritzer Zitronensaft

Die Pilze bei mittlerer Hitze in Öl-Butter-Mischung anbraten, Schalotten zugeben, kräftig salzen und pfeffern. Nach etwa zwei Minuten feine Schnittlauchröllchen sowie Zitronensaft zugeben und durchschwenken.

Dieser einfache Risotto ist eine ideale Basis zur Mischung mit verschiedenen Kräutern. Die Neutralität der Graupen transportiert, so zubereitet, das gewünschte Aroma. So empfehlen sich Bärlauchgraupen (Bärlauch im letzten Moment unter den Risotto heben) im Frühjahr ebenso wie wilde Rauke mit Tomatenwürfeln im Sommer. Das oben stehende, in Anlehnung an ein »Saltimbocca« entstandene Rezept, passt sehr gut in die Herbstmonate.

Ebereschen-Kerbelrisotto mit Rehmedaillons in Pinienkernkruste

Für die Vogelbeeren:

50 g Vogelbeeren (von Edelebereschen)

2 EL Rotwein

1–2 EL Zucker

wenig Butter, nach Bedarf

Für den Risotto:

180 g Risottoreis (Vialone oder Arborio)

1 fein gewürfelte Schalotte

2 EL Pflanzenöl, etwas Butter

150 ml trockener Weißwein

750 ml (¾ l) heiße, kräftige Fleischbrühe

1 Bund wilder Kerbel (50 g)

Salz, weißer Pfeffer aus der Mühle

Vogelbeeren (am besten zuvor frosten, das nimmt den Beeren ein wenig ihre Bitterkeit) mit Rotwein sowie Zucker vermengen und an einem warmen Ort abgedeckt zwei Stunden ziehen lassen. Die Beeren haben aufgrund des Zuckers Flüssigkeit abgegeben und werden nun einige Minuten sanft geköchelt. Nach Bedarf mit etwas Butter binden.

Die Schalottenwürfel in Öl und Butter anschwitzen, Risottoreis zugeben und ebenfalls kurz anschwitzen, salzen, mit Weißwein ablöschen und diesen vollständig einkochen lassen. Die Fleischbrühe nach und nach – immer etwa eine Schöpfkelle voll – zum Risotto geben. Achten Sie darauf, dass es im Topf immer leicht köchelt, die Kochdauer beträgt etwa 20 Minuten. Der Reis nimmt die Brühe nach und nach auf und bekommt während des Garprozesses einen kräftigen Geschmack, Glanz und Sämigkeit.

Für die Kruste:

60 g weiche Butter

60 g fein gehackte und leicht geröstete Pinienkerne

30 g fein geriebenes Weißbrot ohne Rinde

Salz, weißer Pfeffer, Muskatnuss

Butter schaumig rühren. Nüsse, Weißbrot sowie Gewürze zufügen und alles gut miteinander vermengen. Dann mit Hilfe einer Klarsichtfolie eine Rolle formen und die Masse für einige Stunden kühl stellen.

Fortsetzung siehe Seite 58 >>

Ebereschen-Kerbelrisotto – Fortsetzung

Für die Rehmedaillons:

600 g schieres Rehrückenfleisch

2 EL Pflanzenöl, etwas Butter

einige zerdrückte Wacholderbeeren

ein Stängel Rosmarin

Salz, schwarzer Pfeffer aus der Mühle

Den Rehrücken halbieren. Eine Hälfte in acht gleich große Medaillons schneiden und leicht plattieren, die andere Hälfte wird am Stück gebraten. Öl und Butter erhitzen, Wacholder und Rosmarin in die Pfanne geben. Den Rehrückenstrang würzen und rundherum anbraten, anschließend in einer feuerfesten Form im vorgeheizten Ofen bei 150 °C etwa 7–8 Minuten gar ziehen lassen, das Fleisch sollte noch rosa sein. Dann die gewürzten Rehmedaillons auf jeder Seite etwa 2–3 Minuten in Öl und Butter braten, ebenfalls warm stellen.

Fertigstellung:

Von der Nussrolle acht gleichmäßig dicke Scheiben schneiden, die Rehmedaillons damit belegen und unter dem Grill überbacken. Risotto noch einmal aufkochen, bei Bedarf etwas Brühe zugeben, fein geschnittenen Wildkerbel unterrühren. Vogelbeeren ebenfalls nochmals aufkochen. Risotto auf vorgewärmte Teller zusammen mit den überbackenen Rehmedaillons anrichten, die Vogelbeeren über den Risotto geben. Den am Stück gegarten Rehrücken aufschneiden und ebenfalls anrichten.
Servieren Sie dazu geschmorten Chicorée und glacierte Äpfel.

Ein recht aufwendig zu kochendes Herbstgericht. Die Arbeit lohnt jedoch: die typisch herbstlichen Zutaten strotzen nur so vor »wilden Aromen«. Zu diesem Essen empfehle ich Ihnen einen kräftigen badischen Spätburgunder.

Getreiderisotto mit Scharbockskraut und Zitrusfrüchten

200 g Körner von Dinkel, Grünkern, Roggen, Weizen und Hafer

1 Orange

1 rosa Grapefruit

1 Limette

1 fein geschnittene Zwiebel

20 g Butter

50 g fein geschnittene Gemüsewürfelchen von Möhre, Sellerie und Lauch

100 ml Gemüsebrühe,
100 ml Sahne

50 g Scharbockskraut

4 EL Haselnussöl

Salz, weißer Pfeffer aus der Mühle, Muskatnuss

Das Getreide über Nacht in einem halben Liter Wasser einweichen und quellen lassen.

Am nächsten Tag abgießen und im Dampfkochtopf mit wenig Salzwasser etwa 10–15 Minuten kochen, weitere 5 Minuten stehen lassen, dann abgießen.

Die Zitrusfrüchte filetieren, den Rest der Früchte über einem feinen Sieb auspressen und den Saft auffangen. Die Zwiebelwürfel in Butter glasig schwitzen, das abgetropfte Getreide zugeben, würzen, mit dem Saft der Zitrusfrüchte ablöschen und zusammen mit den Gemüsewürfelchen langsam einköcheln. Mit Gemüsebrühe sowie Sahne auffüllen und nochmals einige Minuten köcheln. Zuletzt das in feine Streifen geschnittene Scharbockskraut sowie die Fruchtfilets beigeben und abschmecken. Auf tiefe Teller anrichten und mit dem Nussöl beträufeln.

Als Beilage passt ein mit der Haut gebratenes Fischfilet hervorragend dazu. Die leichten Bittertöne des Scharbockskrauts harmonieren schön zur Säure der Zitrusfrüchte.

Bratapfel-Milchreis mit Holunderbeeren und süßem Kräuterpesto

Für das Holunderbeerenkompott:

200 g Holunderbeeren ohne Stiele

40 g Zucker

20 g kalte Butter

einige Spritzer Zitronensaft

Für den Milchreis:

4 säuerliche Äpfel

20 g Butter

2 EL Zucker mit einer Prise Zimt vermischt

125 g Milchreis

500 ml (½ l) Milch

1 Vanilleschote

Holunderbeeren mit Zucker vermischen und an einem warmen Ort etwas Saft ziehen lassen. Dann bei mittlerer Hitze etwa fünf Minuten einköcheln lassen, mit kalter Butter etwas binden und mit Zitronensaft abschmecken.

Äpfel mit einem Ausstecher vom Kernhaus befreien, Butter in die entstandenen Öffnungen verteilen und den Zimt-Zucker gleichmäßig über die Äpfel streuen. In einer feuerfesten Form bei etwa 200 °C im Backofen weich garen.

Milchreis heiß abspülen, Milch mit ausgekratzter Vanilleschote und dem Vanillemark aufkochen, die Schote entfernen und den Reis in die heiße Milch einrieseln lassen. Bei milder Hitze den Reis quellen lassen, dabei öfter umrühren. Von den gegarten Bratäpfeln die Schale entfernen, das Fruchtfleisch grob pürieren und in den weich gegarten Milchreis geben.

Für das süße Pesto:

1 Bund Süßdolde (50 g)

1 Bund Minze (50 g)

50 g geröstete Erdnüsse (ohne Salz)

4–5 EL flüssiger Honig

Süßdolde und Minze von den Stielen befreien und die Blättchen sehr fein hacken. Erdnüsse ebenfalls fein hacken, anschließend die Kräuter mit den Nüssen und dem Honig gut verrühren.

Servieren Sie die drei Komponenten dieses Gerichts in separaten Gefäßen, so können Sie nach eigenem Gusto Pesto sowie Beerenkompott dosieren. Achten Sie darauf, dass der Milchreis lauwarm serviert wird. Die Bratapfelaromen vom Milchreis harmonieren ausgezeichnet mit dem süßen Kräuterpesto. Ein Klecks geschlagene Sahne macht den Reis etwas luftiger.

Basilikum-Gnocchi mit sommerlichem Schmorgemüse

Für die Gnocchi:

700 g Kartoffeln (mehlig kochend)

80 g Speisequark (über Nacht in einem Sieb abtropfen lassen)

60 g Weizenmehl

2 Eigelb

Salz, weißer Pfeffer aus der Mühle, Muskatnuss

1 Bund Genoveser Basilikum (100 g)

Die Kartoffeln in Salzwasser weich kochen, schälen und dann kurz ausdampfen. Abgetropften Quark, Mehl, Eigelb, Gewürze sowie in feine Streifen geschnittenen Basilikum zugeben und rasch zu einem glatten Teig verarbeiten. Zugedeckt mindestens zwei Stunden kühl stellen.

Für das Gemüse:

je 1 rote und gelbe Paprikaschote (Peperoni)

1 kleiner Zucchino

1 kleine Aubergine

2 fein gewürfelte Schalotten

1 geschälte Knoblauchzehe

4 enthäutete Tomaten

4 EL Olivenöl

30 g Butter

Salz, weißer Pfeffer aus der Mühle

Paprika, Zucchino und Aubergine in grobe Würfel schneiden und zusammen mit den Schalottenwürfeln und zerdrückter Knoblauchzehe in Olivenöl anschwitzen. Die Tomaten in große Stücke schneiden, zugeben, würzen und zugedeckt bei milder Hitze etwa 15 Minuten schmoren – das Gemüse soll noch etwas Biss haben. Sollte das Gemüse nicht genügend Schmorfond abgegeben haben, einfach etwas kräftige Brühe zugeben.

Fertigstellung:

Den Kartoffel-Quarkteig auf einer bemehlten Arbeitsfläche zu einer Rolle formen und mit Hilfe einer Palette bzw. eines Messers kleine Nocken abstechen. Diese in siedendem Salzwasser garen, bis sie oben schwimmen. Die Gnocchi in Eiswasser abschrecken, so bleibt das Basilikum schön grün. Auf einem Tuch trockentupfen und in einer beschichteten Pfanne mit Butter bei mittlerer Hitze kurz braten. Gemeinsam mit dem Schmorgemüse auf vorgewärmte Teller anrichten.

Als äußerst aromatische Dekoration eignen sich frittierte Basilikumblättchen. Die Blättchen einfach kurz in heißem Fett ausbacken und anschließend leicht salzen. Frisch gehobelten Parmesankäse extra dazu servieren.

Kartoffel-Grießgnocchi mit Blattkoriander und Currygemüse

Für die Gnocchi:

600 g Kartoffeln (mehlig kochend)

90 g Weizengrieß

50 g Kartoffelstärke

2 Eigelb

50 g fein geschnittener Blattkoriander

40 g Butterschmalz zum Braten

Salz, Muskatnuss

Kartoffeln in Salzwasser weich kochen, pellen und kurz ausdampfen. Anschließend durch eine Presse drücken und abkühlen lassen.

Die übrigen Zutaten zugeben und alles auf einer bemehlten Fläche rasch zu einem glatten Teig verarbeiten.

Den Teig zu einer Rolle formen, haselnussgroße Stücke abschneiden und diese zu Gnocchi formen. Die Gnocchi über einen Gabelrücken in leicht siedendes Salzwasser abrollen, nach etwa fünf Minuten abschöpfen und auf einem geölten Blech abkühlen lassen.

Für das Currygemüse:

300 g Gemüse der Saison (Kohlrabi, Möhren, Weiße Rüben oder Mairüben, Steckrüben, Zucchini, Kürbis)

200 ml kräftige Gemüsebrühe

2 fein gewürfelte Schalotten

4 EL Sesamöl, 30 g Butter

100 ml trockener Weißwein

100 ml Apfelsaft

1 EL Curry, 1 TL gestoßene Korianderkörner

25 g kalte, in Würfel geschnittene Butter

Salz, gemahlene Chilischote

Gemüse putzen, schälen und würfeln. Schalotten mit zwei Esslöffeln Sesamöl und 15 Gramm Butter glasig schwitzen, mit Weißwein ablöschen, vollständig einkochen lassen. Curry sowie Koriander zugeben und mit Apfelsaft auffüllen. Diesen Fond rasch auf die Hälfte reduzieren und anschließend mit kalter Butter aufmixen.

Gemüsewürfel im restlichen Öl und Butter in einem Schmortopf bei milder Hitze anschwitzen, mit Salz und Chili würzen und mit Gemüsebrühe auffüllen. Bei milder Hitze etwa zehn Minuten dünsten, nach Wunsch etwas Sesamöl beigeben.

Fertigstellung:

Gnocchi in Butterschmalz hellbraun braten, mit Gemüse und Currysoße auf vorgewärmte Teller arrangieren.

Dieses Grundrezept eignet sich zur Kombination mit unterschiedlichen Kräuteraromen – mein Favorit sind »Dillgnocchi mit Schmorgurken«.

Bronzefenchel-Quarkgnocchi mit Roten Rüben und Orangen

500 g Speisequark (über Nacht in einem Sieb abtropfen lassen)

120 g Weizenmehl

1 ganzes Ei, 2 Eigelb

1 Bund Bronzefenchel (80 g)

2 Orangen

2 große Knollen Rote Rüben

100 ml Orangensaft

1 fein gewürfelte Schalotte

30 g Butter

Salz, weißer Pfeffer aus der Mühle, Muskatnuss

Aus Quark, Mehl und Eiern einen glatten Teig herstellen. Mit Salz, Pfeffer und Muskat würzen sowie sehr fein geschnittenen Bronzefenchel zugeben. Zugedeckt mindestens zwei Stunden kühl stellen.

Die Orangen sehr gut schälen, auch die weiße Innenhaut entfernen, und die Früchte in nicht zu dünne Scheiben schneiden. Rote Rüben in Salzwasser weich kochen, anschließend schälen und ebenfalls in Scheiben schneiden. Schalottenwürfel in Butter anschwitzen, Rote Rüben zugeben, würzen und in Orangensaft etwa fünf Minuten dünsten. Orangenscheiben zugeben und warm stellen.

Den Quarkteig auf einer bemehlten Arbeitsfläche zu einer Rolle formen und mit einer Palette bzw. einem Messer kleine Nocken abstechen. Diese in siedendem Salzwasser garen, bis sie oben schwimmen. Zusammen mit dem Gemüse auf vorgewärmte Teller anrichten und mit den gefiederten Blättchen vom Bronzefenchel garnieren.

Die Kombination von Orangen-und Fenchelaromen erinnert an die mediterrane Küche. Lassen Sie Ihrer Fantasie beim Formen der Gnocchi freien Lauf, so erhalten Sie laufend neue, individuelle Anrichtevarianten mit derselben Grundmasse.

Tagliatelle mit gebackenen Zucchiniblüten und Kressepesto

Für die Tagliatelle:

300 g Mehl

3 Eier

1 EL Olivenöl

½ TL Salz

etwas Wasser

Olivenöl

Für die Zucchiniblüte:

4 kleine Zucchini mit Blüte

1 fein gewürfelte Schalotte

30 g feine Gemüsewürfelchen (Zucchini, Möhre, Spargel)

1 EL Olivenöl

30 g Ricotta, 1 Eigelb

1 EL Semmelbrösel

1 EL geriebener Parmesankäse

Salz weißer Pfeffer aus der Mühle, Muskatnuss

Butterschmalz, Olivenöl

Mehl in eine Schüssel sieben und in der Mitte eine Mulde eindrücken. Eier aufschlagen, in die Mulde geben, Olivenöl und Salz beigeben. Alle Zutaten zu einem glatten Teig kneten, nach Bedarf etwas Wasser zugießen. Den Teig in Klarsichtfolie eingewickelt für etwa eine Stunde ruhen lassen. Dann den Teig hauchdünn ausrollen, dies gelingt am besten mit einer kleinen mechanischen Nudelmaschine, und in etwa 1 cm breite Streifen schneiden. Die Nudeln in reichlich Salzwasser bissfest kochen und in ein Sieb abschütten.

Die Zucchiniblüten vorsichtig von der Frucht abtrennen und den Blütenstempel im Inneren mit einer kleinen Schere abschneiden. Schalotte und Gemüsewürfelchen in Öl glasig schwitzen, würzen und abkühlen lassen. Restliche Zutaten zugeben, kräftig abschmecken und gut miteinander vermengen. Die Füllung in einen Spritzsack füllen und die Blüten nicht zu prall damit füllen. Die Blütenblätter durch eine Drehung verschließen.

Fortsetzung siehe Seite 70 >>

Tagliatelle mit gebackenen Zucchiniblüten und Kressepesto – Fortsetzung

Für den Ausbackteig:

120 g Mehl

100 ml Weißwein

2 kleine Eier, getrennt

Salz

Aus Mehl, Weißwein und den zwei Eigelben einen glatten Teig rühren und diesen etwa eine Viertelstunde quellen lassen. Eiweiß mit einer Prise Salz steif schlagen und vorsichtig unter den Teig heben.

Für das Pesto:

60 g Sonnenblumenkerne

80 g Kapuzinerkresseblätter

40 g wilde Rauke

50 g geriebener Pecorino

200 ml fruchtiges Olivenöl

Salz, weißer Pfeffer aus der Mühle

Sonnenblumenkerne ohne Fett hell rösten und zusammen mit den Kräutern und dem Pecorino mixen. Kräftig abschmecken und dann das Olivenöl unterrühren. Pesto separat in einem kleinen Förmchen servieren.

Fertigstellung:

Gefüllte Zucchiniblüten sorgfältig durch den Backteig ziehen und in heißem Butterschmalz goldbraun ausbacken. Die Zucchinifrüchte halbieren und in Olivenöl bei mittlerer Hitze auf beiden Seiten braten.

Nudeln in Olivenöl schwenken und abschmecken. Dazu passen kurz gedünstete Rote Bete-Blätter, mit Olivenöl und Zitronensaft abgeschmeckt. Sehr hübsch sehen dazu auch die Blütenknospen der Kapuzinerkresse aus; sie lassen sich entweder dünsten oder auch in Butterschmalz knusprig ausbacken. Achtung! – sehr scharf.

Gerollte Kräuter-Pfannküchle mit Ricotta und Mandeln

Für den Teig:

4 Eier

100 g Mehl

500 ml (½ l) Milch

50 g fein geschnittene Kräuter (Kerbel, Schnittlauch, Blattpetersilie, Estragon)

40 g Butter

Eier, Mehl, Milch, Kräuter und Gewürze zu einem glatten Pfannkuchenteig verrühren, und dann etwa eine halbe Stunde ruhen lassen.

Für die Füllung:

400 g abgetropfter Ricottakäse

100 g geröstete Mandelstifte

50 g fein geriebenes Weißbrot ohne Rinde

Ricotta mit den Mandeln, Weißbrot und den Gewürzen verrühren.

In einer beschichteten Pfanne Butter zerlassen und bei mittlerer Hitze Pfannkuchen von etwa 20 cm Durchmesser backen.

Zum Überbacken:

100 ml Milch

20 g geriebener Parmesan

Salz, weißer Pfeffer aus der Mühle, Muskatnuss

Die Ricottafüllung mit einer Palette gleichmäßig auf die inzwischen abgekühlten Pfannkuchen verteilen, dann schneckenförmig einrollen und nebeneinander in eine gebutterte, feuerfeste Form legen.

Milch erhitzen, salzen und die Pfannküchle damit übergießen. Mit geriebenem Parmesankäse bestreuen und im vorgeheizten Ofen bei etwa 180 °C etwa 20 Minuten backen.

Geschmälzte Wildkräuter-Ravioli mit Ziegenfrischkäse

Für den Nudelteig:

250 g Mehl

1 Ei, 6 Eigelb

1 EL Olivenöl

Salz

Für die Füllung:

150 g weiße Melde

50 g Vogelmiere

50 g wilde Rauke

180 g abgetropfter Ziegenfrischkäse

50 g geriebener Parmesankäse

1 Eigelb (das Eiweiß zum Bestreichen der Ränder aufbewahren)

Zum Überschmälzen:

80 g Butter

50 g Semmelbrösel

Salz, weißer Pfeffer aus der Mühle, Muskatnuss

Aus Mehl, Eiern, Olivenöl und Salz einen glatten Nudelteig herstellen, dann in Klarsichtfolie eingewickelt eine Stunde ruhen lassen.

Einige Kräuter für die Garnitur zurückbehalten, restliche Kräuter in reichlich Salzwasser blanchieren, eiskalt abschrecken und gut ausdrücken. Anschließend grob hacken und mit Ziegenfrischkäse, Parmesankäse sowie dem Eigelb verrühren, kräftig abschmecken.

Den Nudelteig halbieren und auf einer bemehlten Arbeitsfläche zwei gleich große, sehr dünne Platten ausrollen. Auf einer der ausgerollten Platten mit einem gezackten Ausstecher Kreise markieren; anschließend die Füllung in einen Spritzbeutel mit Lochtülle füllen. Nun etwa nussgroße Häufchen mittig auf die markierten Kreise spritzen, dabei einen Rand von 1 cm frei lassen. Die Ränder mit Eiweiß bestreichen, die zweite ausgerollte Nudelplatte auflegen und rund um die Markierungen gut andrücken. Ravioli ausstechen, in reichlich Salzwasser etwa 5 Minuten kochen, herausnehmen und gut abtropfen lassen.

Fertigstellung:

Butter aufschäumen, Brösel zugeben und leicht bräunen. Ravioli auf vorgewärmte, tiefe Teller anrichten, mit der Butter-Semmelschmälze beträufeln und mit den restlichen Kräutern garnieren.

Lassen Sie ihrer Fantasie bezüglich der Wahl der Kräuter für die Füllung freien Lauf. Ganz hervorragend schmeckt im Frühling eine Füllung mit Bärlauch, serviert mit Schwäbischem Kartoffelsalat.

Vogelmiere

Rauke

Bärlauch

Variation von Engelwurz, Sellerie und Zander

Für die Gemüseflans:

1 Stängel Engelwurz (50 g)

100 ml Sahne

400 g geschälter Knollensellerie

100 g geschälte Kartoffeln (mehlig kochend)

100 ml Milch

2 Eier

Salz, weißer Pfeffer aus der Mühle, Muskatnuss

Für das Gemüse:

150 g Staudensellerie

1 rote Paprikaschote (Peperoni)

1 fein gewürfelte Schalotte, ½ Knoblauchzehe

40 g Butter

400 ml Apfelsaft oder Cidre, 100 ml Fisch- oder Gemüsebrühe

Engelwurz klein schneiden, in einem Topf mit der Sahne erhitzen und etwa eine halbe Stunde bei milder Hitze ziehen lassen. Sellerie sowie Kartoffeln in Würfel schneiden und in Salzwasser mit Milch weich kochen, abgießen und anschließend abtropfen lassen.

Engelwurz-Sahneauszug durch ein feines Sieb gießen, gut ausdrücken, mit dem Gemüse und den Eiern im Mixer fein pürieren und kräftig würzen. Kleine Förmchen mit Butter auspinseln, Sellerie-Engelwurzmasse zur Hälfte einfüllen. Einen flachen großen Topf mit etwas Wasser füllen, aufkochen, mit Zeitungspapier auslegen und in den auf 160 °C vorgeheizten Ofen schieben. Die Förmchen im Topf etwa eine halbe Stunde lang pochieren.

Staudensellerie in Rauten schneiden. Paprika mit einem Sparschäler schälen und ebenfalls in rautenförmige Stücke schneiden. Schalotte sowie zerdrückte Knoblauchzehe in der Hälfte der Butter glasig schwitzen, Staudensellerie zugeben, würzen und mit Apfelsaft ablöschen, vollständig einkochen lassen. Dann mit Brühe auffüllen und sanft köcheln lassen. Nach zehn Minuten Paprika beigeben, anschließend noch fünf Minuten weiter köcheln lassen. Restliche Butter unterrühren, abschmecken und warm stellen. Das Gemüse sollte noch im entstandenen Sud schwimmen, die Butter dient zur Bindung, sodass der Sud gleichzeitig die Soße für dieses Gericht ist.

Für die Zanderfilets:

4 Zanderfilets mit Haut (à 150–160 g)

40 g Butterschmalz

Salz, weißer Pfeffer aus der Mühle, einige Spritzer Zitronensaft

Zanderfilets in Stücke schneiden, würzen und in Butterschmalz bei mittlerer Hitze erst kurz auf der Fleischseite, dann auf der Hautseite etwa 7–8 Minuten braten. Nach dem Wenden den Fisch auf der Hautseite mit Salz, Pfeffer und Zitronensaft würzen. Die Flans auf vorgewärmte, tiefe Teller stürzen, Gemüse im Sud anlegen und die Fischfilets (mit der knusprigen Hautseite nach oben) auf dem Gemüse anrichten.

Variante: Den Fisch durch mehr Gemüse ersetzen. Gelber Paprika sorgt beispielsweise für einen zusätzlichen, schönen Farbtupfer. Wenn Ihnen der Engelwurzgeschmack zu schwach erscheint, dann verwenden Sie einfach einen Stängel mehr für den Sahneauszug.

Seezungen-Bärlauchroulade mit Safran und Kartoffeln

Für die Farce:

50 g eiskaltes Lachsfilet ohne Gräten, klein geschnitten

40 ml eiskalte Sahne

Das Lachsfilet zusammen mit der Sahne fein pürieren (die Farce sollte schön glänzen), würzen und sofort kalt stellen.

Für die Seezungenfilets:

4 Seezungenfilets à 100 g

4 Blätter Bärlauch (in Größe der Seezungenfilets)

Salz

etwas Butter

Die Seezungenfilets zwischen Klarsichtfolie vorsichtig plattieren, leicht salzen und mit der Hautseite nach oben auf ein Tuch legen. Bärlauch blanchieren, eiskalt abschrecken, trocken tupfen und die Filets damit belegen. Lachsfarce gleichmäßig darauf verteilen, die Filets von der Schwanzseite her schneckenförmig einrollen und nochmals leicht salzen. Die Rouladen in gebutterte Alufolie einschlagen und in Salzwasser etwa zehn Minuten pochieren. Anschließend warm stellen.

Für das Gemüse:

400 g Kartoffeln (fest kochende Sorte)

1 Bund Schnittlauch (30 g)

2 Stück Kohlrabi

1 fein gewürfelte Schalotte

20 g Butter

50 ml trockener Weißwein

100 ml Fischfond (aus der Seezungengräte und Gemüse hergestellt)

einige Safranfäden

2 EL geschlagene Sahne

Salz, weißer Pfeffer aus der Mühle, einige Spritzer Zitronensaft

Kartoffeln schälen und unzerkleinert in Salzwasser garen, Schnittlauch in feine Röllchen schneiden.

Kohlrabi schälen, erst in Scheiben, dann in feine Stifte schneiden. Schalotte in Butter glasig schwitzen, mit Wein ablöschen und fast vollständig einkochen lassen. Kohlrabi, Fischfond und Safran zugeben, mit Salz, Pfeffer und Zitronensaft würzen und etwa fünf Minuten lang bei milder Hitze dünsten, der Kohlrabi sollte noch etwas Biss haben. Zuletzt die Sahne unterheben und abschmecken.

Kartoffeln mit Schnittlauch in wenig Butter schwenken.

Die Seezungenrouladen mit einem sehr scharfen Messer in Scheiben schneiden, zusammen mit den Safran-Kohlrabi anrichten und die Kartoffeln extra dazu servieren.

Bei diesem Gericht ist das Gemüse auch gleichzeitig der Träger für die Soße. Der Safran verleiht dem Kohlrabi nicht nur ein spezielles Aroma sondern auch eine schöne gelbe Farbe. Sollte die Bärlauchsaison bereits vorüber sein, dann können Sie stattdessen auch andere Blattkräuter verwenden, beispielsweise Kapuzinerkresse.

Saibling in grünem Gelee

Zutaten für 6–8 Personen – kleine Vorspeise

Terrinenform 500 ml-Inhalt

Für das Fischfilet:

1 Saiblingsfilet ohne Gräten (ersatzweise Lachsforelle) ca. 150 g

1 EL Olivenöl

Salz, weißer Pfeffer aus der Mühle, Zitronensaft

Saiblingsfilet mit Olivenöl einreiben und auf einem Backblech unter dem Grill von beiden Seiten so garen, dass der Kern noch glasig bleibt. Mit Salz, Pfeffer und Zitronensaft würzen, bei Zimmertemperatur abkühlen lassen.

Für den Sauerampfersaft:

400 g Sauerampfer

2 vollreife Tomaten ohne Stielansatz

Sauerampfer sowie klein geschnittene Tomaten im Mixer mit ordentlich Salz und Pfeffer pürieren, in ein Sieb mit Tuch geben und für einige Stunden abtropfen lassen (nicht auspressen!).

Für das Gelee:

5 Blatt Gelatine

klare Gemüsebrühe

100 ml Schmant

60 ml Sahne (Rahm)

Cayennepfeffer

Vier Blatt Gelatine in kaltem Wasser einweichen. Den aufgefangenen Sauerampfersaft abmessen (es sollten 300 ml Saft sein, evtl. mit etwas klarer Gemüsebrühe auffüllen), etwas Saft erwärmen, die gut ausgedrückte Gelatine darin auflösen und mit dem restlichen Ampfersaft verrühren.

Ein kleines Blech mit Klarsichtfolie faltenfrei auslegen und etwa ein Viertel des Gelees darauf gießen (etwa 2 mm hoch), anschließend waagerecht für mindesten eine Stunde kühl stellen. Restliches Ampfergelee aufbewahren.

Ein Blatt Gelatine in kaltem Wasser einweichen, Schmant verrühren und etwas davon erwärmen. Die ausgedrückte Gelatine darin auflösen und unter den restlichen Schmant rühren, mit Salz und Cayennepfeffer würzen. Sahne schaumig, nicht zu steif schlagen und vorsichtig unter den Schmant heben.

Die Folie mit dem Ampfergelee in Größe einer kleinen Terrinen- bzw. Backform ausschneiden und die Terrinenform damit auslegen (die Form sollte vollständig ausgekleidet sein). Schmantmousse gleichmäßig in die Form verteilen und kühl stellen.

Nach einer halben Stunde mit etwas Sauerampfergelee auffüllen und abermals kühl stellen. Abschließend das Saiblingsfilet einlegen und mit restlichem Ampfergelee bedecken. Die Terrine für mindestens drei Stunden kühl stellen.

Fertigstellung:

Terrine aus der Form stürzen, Folie entfernen und die Saiblingsterrine mit einem sehr scharfen Messer in Scheiben schneiden. Dazu passt eine Auswahl verschiedener Kräuter und eine mit Kräutern aufgemixte Joghurtsoße.

Für das Gelee eignen sich auch andere Kräuter wie Vogelmiere, Basilikum oder wilde Rauke. Auch bei der Auswahl des Fisches können Sie gerne auf ihren persönlichen Favoriten zurückgreifen. Dieses Gericht ist in der Vorbereitung etwas aufwendig, lässt sich jedoch unkompliziert servieren.

Bild zum Rezept: siehe nachfolgende Doppelseite

Fischküchle mit Bronzefenchel-Aïoli und marinierten Fenchelscheiben

Für die Fischküchle:

500 g Fischfilet ohne Gräten (Zander, Steinbutt, Lachsforelle)

1 mittelgroße, fein geschnittene Zwiebel

20 g Butter

2 EL Semmelbrösel

50 ml heiße Milch

2 Eier

Salz, weißer Pfeffer aus der Mühle

etwas Olivenöl zum Braten der Küchle

Die Fischfilets in grobe Würfel schneiden, etwa 0,5 cm groß. Zwiebelwürfel in Butter glasig schwitzen. Semmelbrösel mit Milch übergießen, Eier sowie Zwiebeln zugeben und mit den Fischwürfeln gut vermengen. Die Masse kräftig abschmecken und kühl stellen.

Für das Aïoli:

2 mittelgroße Kartoffeln, mehlig kochend (ca. 150 g)

70–80 ml kräftige Fischbrühe

Sternanis, einige Safranfäden

100 ml fruchtiges Olivenöl

1 Bund Bronzefenchel (60 g)

einige Spritzer Zitronensaft

Salz, weißer Pfeffer aus der Mühle

Kartoffeln in Salzwasser weich kochen, anschließend pellen und zerdrücken. Fischbrühe mit Anis und Safran aufkochen, dann etwa zehn Minuten ziehen lassen.

Bronzefenchel sehr fein hacken und zu den Kartoffeln geben. Brühe durch ein Sieb auf die Kartoffeln gießen, zusammen mit Olivenöl, Zitronensaft und den Gewürzen cremig rühren.

Für den marinierten Fenchel:

2 Knollen Gemüsefenchel

2 vollreife Tomaten

50 ml fruchtiges Olivenöl

Saft einer halben Zitrone

Salz, weißer Pfeffer aus der Mühle

Von den Fenchelknollen das Wurzelende ausschneiden und die äußeren Hüllblätter entfernen. Das Fenchelgrün klein schneiden und als Garnitur verwenden. Fenchel sowie Tomaten in feine Streifen schneiden und mit den restlichen Zutaten marinieren. Kräftig abschmecken.

Fertigstellung:

Von der Fischmasse gleich große Küchle formen und diese in Olivenöl bei mittlerer Hitze braten. Die Küchle schmecken besonders gut, wenn sie in der Mitte etwas glasig bleiben. Die Fischküchle sofort anrichten, Aïoli sowie Fenchel separat servieren.

Das Besondere an dieser »Edelbulette« sind die ganzen Fischstücke, Sie benötigen also keinen Fleischwolf für die Zubereitung. Zum kräftigen Fenchelaroma passt sehr gut ein trockener Riesling oder auch ein Chablis.

Dorsch aus dem Kräuterdampf mit Gartenmelde und Linsen

Für die Linsen:

100 g braune Linsen

1 fein gewürfelte Schalotte

20 g Butter

30 ml Apfelessig

¼ l kräftige Fischbrühe (aus den Dorschgräten und Gemüse hergestellt)

50 g fein gewürfeltes Gemüse (Möhre, Kohlrabi, Lauch, Knollensellerie, Tomaten)

Salz, weißer Pfeffer aus der Mühle

Linsen, wenn nötig, einweichen. Die Schalotten in Butter glasig schwitzen, abgetropfte Linsen zugeben und ebenfalls kurz anschwitzen. Dann mit Essig ablöschen, diesen vollständig einkochen lassen, mit Brühe auffüllen und etwa eine halbe Stunde sanft köcheln lassen. Anschließend würzen. Fünf Minuten vor Ende der Garzeit die Gemüsewürfelchen zugeben und etwa fünf Minuten mitköcheln; warm stellen.

Für den Dorsch:

4 Dorschfilets (à 150–160 g)

200 ml Fisch- oder Gemüsebrühe

1 Kräuterbündel (50 g) aus Thymian, Petersilie, Salbei, Ysop, Basilikum, Lorbeer

Salz, einige Spritzer Zitronensaft

Fischbrühe mit den Kräutern aufkochen und einige Minuten ziehen lassen. Dorschfilets auf der Fleischseite salzen und mit der Hautseite nach oben in einen Siebeinsatz legen. Diesen dann auf den Topf mit Kräutersud stellen, Deckel auflegen und den Fisch etwa zehn Minuten über Dampf garen. Dann mit Zitronensaft beträufeln.

Für die Gartenmelde:

300 g Melde (junge Blätter)

2 EL fein geschnittene Schalotten

30 g Butter

50 ml Gemüsebrühe

50 ml Sahne (Rahm)

Salz, weißer Pfeffer aus der Mühle, Muskatnuss

Schalotten in Butter glasig dünsten, Melde zugeben, würzen und mit Gemüsebrühe auffüllen. Etwa 3–4 Minuten dünsten, dann Sahne zugießen und einige Minuten sämig einköcheln.

Fertigstellung:

Melde und Linsen auf vorgewärmte Teller anrichten, vom Dorsch die Haut abziehen und ebenfalls anrichten. Servieren Sie dazu Salzkartoffeln oder Reis.

Himmel und Erde mit Putenleber und Schafgarbe

Für die Putenleber:

600 g Putenleber

2 Eier, etwas Mehl, 100 g fein geriebenes Weißbrot ohne Rinde

weißer Pfeffer aus der Mühle

Für das Püree:

500 g Kartoffeln (mehlig kochend)

2 Möhren

100 ml Milch, 100 ml Sahne

40 g Butter

Salz, Muskatnuss

Für die Beilage:

1 große Knolle Kohlrabi

2 säuerliche Äpfel (Boskoop)

50 g Butterschmalz

30 g Schafgarbe

Pflanzenöl zum Frittieren

Die Putenleber sauber parieren und von Sehnen bzw. Adern befreien. Anschließend in gleichmäßige, nicht zu kleine Stücke schneiden. Eier mit einer Gabel verquirlen. Die einzelnen Leberstücke mit Mehl, Ei und Weißbrot panieren.

Kartoffeln schälen und unzerkleinert in Salzwasser weich kochen. Wasser abgießen und Kartoffeln kurz ausdampfen. Die Möhren schälen und in sehr feine Würfel schneiden. Die Milch gemeinsam mit der Sahne und den Möhrenwürfeln aufkochen und heiß auf die Kartoffeln gießen. 20 Gramm der kalten Butter zufügen, mit Salz sowie Muskatnuss würzen und mit einem Schneebesen glatt rühren. Das fertige Püree warm stellen.

Kohlrabi schälen, erst in Scheiben, dann in feine Streifen schneiden, in der restlichen Butter glasig schwitzen, leicht salzen und mit etwas Brühe dünsten. Die Äpfel mit einem Ausstecher entkernen, in Scheiben schneiden und in etwas Butterschmalz bei mittlerer Hitze goldgelb braten, anschließend warm stellen.

Fertigstellung:

Restliches Butterschmalz erhitzen und darin die panierte Leber bei mittlerer Hitze braten, danach salzen und pfeffern.

Kleine Zweige von Schafgarbe in heißem Öl kurz frittieren und wenig salzen. Auf vorgewärmte Teller abwechselnd Püree, Kohlrabi und Apfelscheiben schichten. Mit den Putenlebern umlegen und mit Schafgarbe dekorieren.

Die Herbheit der Schafgarbe harmoniert gut mit den säuerlichen Boskoopäpfeln. Ein Klassiker in einer reizvoll »wilden« Variante.

Verlorene Eier im Senfsud mit Schnittknoblauch

4 Eier

1 ½ l Wasser, 100 ml Essig

200 ml kräftige Hühnerbrühe

1 fein gewürfelte Schalotte

100 g Gelbsenf

30 g kalte Butter

1 EL scharfer Senf

1 Bund Schnittknoblauch (60 g)

Salz, weißer Pfeffer aus der Mühle

Die Eier einzeln in kleine Mokkatassen aufschlagen, anschließend vorsichtig in siedendes Essigwasser geben und für etwa vier bis fünf Minuten pochieren. Darauf achten, dass das Wasser nicht kocht.

In der Zwischenzeit die Hühnerbrühe mit Schalotten auf etwa die Hälfte einkochen, Gelbsenf, Butter und scharfen Senf zugeben und im Mixer fein pürieren. Schnittknoblauch in feine Röllchen schneiden.

Die verlorenen Eier in den heißen Senfsud geben und diesen mit Salz und Pfeffer abschmecken. Eier in tiefe Schalen anrichten, mit Senfsud auffüllen und mit den Schnittknoblauchröllchen bestreuen.

Das »Senfei einmal anders«. Die Blüten des Schnittknoblauchs sind äußerst dekorativ und haben nahezu dieselbe Schärfe wie die Stängel.

Spiegelei mit Rahmnesseln

Für das Nesselpüree

250 g Brennnesselspitzen

150 g Taubnesseln

2 fein gewürfelte Schalotten

30 g Butter

200 ml Sahne (Rahm)

Brenn- und Taubnesseln in kochendem Salzwasser blanchieren, anschließend sofort eiskalt abschrecken. Gut ausdrücken und grob hacken. Schalotten in Butter anschwitzen, gehackte Nesseln zugeben und würzen. Sahne beigeben und für einige Minuten sanft köcheln lassen.

Für die Beilagen:

8 sehr kleine Kartoffeln (Bamberger Hörnchen)

4 Eier

1 EL Speckwürfelchen

etwas Butterschmalz

Salz, weißer Pfeffer aus der Mühle

Bamberger Hörnchen in der Schale nicht zu weich kochen, abgießen und anschließend schälen. Spiegeleier und Kartoffeln separat in wenig Butterschmalz braten und würzen. Die Speckwürfelchen ebenfalls in wenig Butterschmalz rösten.

Fertigstellung:

Rahmnesseln und Spiegelei auf vorgewärmte Teller anrichten, Speck darüber geben und mit den Bratkartöffelchen servieren.

Spiegelei mit Rahmspinat und Kartoffeln ist ein typisches Kinderessen. Ich erinnere mich gerne daran – der Rahmspinat nach Art meines Vaters war einfach klasse. Bei der Zubereitung mit Brennnesseln sollten ausschließlich ganz junge Spitzen verwendet werden.

Bild zum Rezept siehe Seite 91, unten links

Wachsweiches Ei mit Chinesischem Senf und Radieschenschoten

Für den Chinesischen Senf:

250 g Chinesischer Senf

2 fein gewürfelte Schalotten

30 g Butter

Für die Beilage:

4 Eier

60 g Radieschenschoten, s. S. 157

2 enthäutete und entkernte Tomaten

2 EL Sesamöl

etwas frisch geriebener Ingwer

Salz, weißer Pfeffer aus der Mühle

Chinesischen Senf waschen, gut abtropfen lassen. Schalotten bei mittlerer Hitze in Butter glasig schwitzen, Chinesischen Senf zugeben, leicht salzen und im geschlossenen Topf zusammenfallen lassen.

Die Eier je nach Größe 5–6 Minuten kochen, anschließend kurz abschrecken.

Radieschenschoten in Sesamöl anschwitzen und würzen, anschließend die Tomaten sowie Ingwer zufügen, abschmecken.

Fertigstellung:

Eier schälen und halbieren, den kurz gedünsteten Senf auf vorgewärmte Teller anrichten und mit dem Radieschen-Tomatengemüse umlegen. Eier mit etwas Salz bestreuen und auf dem Senfgemüse anrichten.

Die asiatische Alternative zum deutschen Senfei. Die Radieschenschoten werden für reichlich Gesprächsstoff am Tisch sorgen – sicherlich kommt keiner Ihrer Gäste auf die Idee, dass es sich bei den vermeintlich exotischen Schoten um das gemeine Radieschen handelt.

Bild zum Rezept: rechte Seite oben rechts

Im Heu gedünstetes Filet mit Gartengemüse und Grüner Soße

Für das Rinderfilet:

1 gut abgehangenes Rinderfilet, etwa 800 g

ungeleimtes Küchengarn

Salz, weißer Pfeffer aus der Mühle

1 Bund Thymian (50 g)

Heu aus biologischem Anbau (siehe Einkauftipps)

2 l kräftige Rinderbrühe

Rinderfilet mit Küchengarn wie einen Rollbraten schnüren, so bleibt die Form des Filets während des Garprozesses schön erhalten. Das Filet anschließend pfeffern und mit etwas klein gehacktem Thymian einreiben. Einen mittelgroßen Römertopf zur Hälfte mit Heu sowie Thymian füllen und mit 1,8 l kochend heißer Brühe übergießen (die restliche Brühe wird für die Soße benötigt), die Brühe sollte das Heu gerade eben bedecken. Die Brühe salzen und das geschnürte Filet auf das Heu legen. Mit Deckel in den auf 200 °C vorgeheizten Ofen schieben und für etwa 12–14 Minuten dünsten, dabei das Filet hin und wieder wenden.

Für das Gemüse:

300 g in Würfel geschnittene Kartoffeln (fest kochend)

200 g geputzte und unterschiedlich geschnittenes Gemüse nach Jahreszeit (Blumenkohl, Möhre, Saubohnen, Kürbis, Lauchzwiebeln)

Kartoffeln in Salzwasser weich kochen, abgießen und warm stellen. Das rosa gegarte Filet aus dem Topf nehmen und bei etwa 80 °C im Backofen ruhen lassen. Die Hälfte der entstandenen Heubrühe durch ein Tuch passieren, anschließend die einzelnen Gemüsesorten nach und nach, je nach Garzeit, in der Brühe garen.

Die restliche Brühe mit Schalotten auf die Hälfte einkochen, dann mit den Kräutern und kalter Butter fein pürieren, sodass eine sämige Soße entsteht.

Für die Soße:

1 fein gewürfelte Schalotte

je 30 g Pimpinelle, Blattpetersilie, Vogelmiere, wilde Rauke und Gelbsenf

40 g kalte Butter

Salz, weißer Pfeffer aus der Mühle

Fertigstellung:

Römertopf mit Heu und Brühe nochmals erhitzen, das vom Garn befreite Filet darin erwärmen.

Das Filet sollte unbedingt im Römertopf serviert werden. Wenn Sie den Deckel heben, erfüllt ein Duft nach Sommerwiese den Raum und sorgt für ein Aha-Erlebnis. Schneiden Sie das Fleisch dann auf einem Tranchierbrett, welches Sie am besten auf einem Beistelltisch platzieren. Die Beilagen und die Soße wie beim traditionellen Familienessen in passendem Geschirr auf den Tisch stellen. Mixen Sie die Grüne Soße im letzten Moment auf, so bleibt die Farbe auch während des Essens noch schön grün.

Himmel und Erde mit Spitzwegerich

300 g Blutwurst

300 g Knipp (Grützwurst aus dem Weserland)

4 mittelgroße Äpfel (vorzugsweise Gravensteiner)

100 ml Apfelsaft

300 g Kartoffeln (fest kochend)

16 große Spitzwegerichblätter

2 Zwiebeln, in grobe Würfel geschnitten

20 g Butter

2 EL eingeweichte Rosinen

4 EL Butterschmalz

40 ml Sonnenblumenöl

Salz, weißer Pfeffer aus der Mühle, Muskatnuss

Blutwurst und Knipp in gleichmäßig dicke Scheiben (1,5 cm) schneiden. Äpfel schälen, vom Kerngehäuse befreien und in Apfelsaft weich dünsten. Anschließend fein pürieren und warm stellen.

Kartoffeln in Salzwasser kochen, pellen und in Scheiben schneiden. Spitzwegerich für eine Viertelstunde in warmes Wasser legen (das nimmt etwas von den Bitterstoffen), anschließend trockentupfen.

Zwiebelwürfel kurz blanchieren, in Butter glasig schwitzen, leicht salzen und mit den eingeweichten Rosinen vermischen.

Blutwurst und Knipp in Butterschmalz von beiden Seiten jeweils für etwa zwei Minuten braten, anschließend warm stellen. Kartoffeln ebenfalls in Butterschmalz goldbraun braten, mit Salz, Pfeffer und Muskat würzen und warm stellen. In einer großen Pfanne Öl erhitzen und die Spitzwegerichblätter bei geringer Hitze langsam knusprig braten, auf Küchenkrepp legen und leicht salzen.

Alle vorbereiteten Zutaten großzügig auf vorgewärmte Teller arrangieren.

Bei der Auswahl der verwendeten Wurst können Sie natürlich auf Ihre eigene regionale Spezialität zurückgreifen, Ihr Metzger ist Ihnen sicher behilflich. Der Spitzwegerich dient praktisch als geschmackliches Bindeglied zwischen den klassischen Himmel und Erde-Zutaten: Apfel, Kartoffel und Blutwurst.

Saure Linsen mit Vogelmiere-Spätzle und geräucherter Entenbrust

Für die Spätzle:

5 Eier

80 g Vogelmiere

300 g Mehl

etwas Mineralwasser

Salz, Muskatnuss

Für die Spätzle die Eier mit Vogelmiere und etwas Salz fein pürieren, dann zusammen mit Mehl und Mineralwasser einen luftigen Teig schlagen. Mit Salz und Muskatnuss würzen, anschließend abgedeckt bei Zimmertemperatur ruhen lassen.

Den Spätzleteig mit Hilfe eines Holzbretts und einer Palette in kochendes Salzwasser schaben (oder durch eine Spätzlepresse drücken), kurz aufkochen und kalt abschrecken. Die Spätzle auf ein Sieb geben und abschließend kurz in Butter schwenken.

Für die Linsen:

2 fein gewürfelte Schalotten

30 g Butter

140 g rote Linsen

40 ml Apfelessig

½ l kräftige Geflügelbrühe

80 g fein gewürfeltes Gemüse (Möhre, Kohlrabi, Lauch, Knollensellerie, Tomaten)

Salz, weißer Pfeffer aus der Mühle

Beilage:

2 geräucherte Entenbrüstchen

Die Schalotten in Butter glasig schwitzen, Linsen zugeben und ebenfalls kurz anschwitzen. Dann mit Essig ablöschen, diesen vollständig einkochen lassen, anschließend würzen, mit Brühe auffüllen und sanft köcheln lassen. Nach etwa zehn Minuten die Gemüsewürfelchen zugeben und fünf Minuten mitköcheln.

Für die Fertigstellung:

Die Entenbrüstchen auf dem Linsengemüse erwärmen. Linsen und Spätzle in tiefe Teller anrichten, Entenbrust in Scheiben schneiden und separat dazu servieren.

Eine schöne Variation zum schwäbischen Klassiker »Linsen, Spätzle, Saiten«, die vor allem durch die knallgrünen Spätzle ins Auge sticht. Wenn Sie die Linsen in einer Fischbrühe garen, dann können Sie dieses Gericht auch mit gebratenen oder geräucherten Fischfilets servieren. Oder lieber in der Kombination mit Lammbrühe und Bärlauchspätzle …?

Hähnchenfrikassee im Vogelmiere-Petersiliensaft mit Polenta

Für das Frikassee:

1 Maispoularde (1,4–1,6 kg)

1 Bund Suppengrün

1 geschälte Zwiebel

30 g Butter, 30 g Mehl

100 ml trockener Weißwein

2 mittelgroße geschälte Möhren

8 Frühlingszwiebeln

100 g Champignons

20 g Butter

100 g Vogelmiere,
120 g Blattpetersilie (Stängel für die Brühe verwenden)

Salz, weißer Pfeffer aus der Mühle, 2 Lorbeerblätter, einige Petersilienstängel

Brüste und Keulen der Poularde auslösen, Brüste häuten und kühl stellen. Die Keulen häuten, halbieren und mit der restlichen Karkasse in zwei Liter leicht siedendes Salzwasser geben. Suppengrün, Zwiebel sowie Gewürze zugeben, nach etwa einer halben Stunde die Keulen herausnehmen und beiseite stellen. Brühe für eine weitere Stunde leicht köcheln, durchsieben und einen Liter der Brühe auf die Hälfte reduzieren, restliche Brühe zum Garen der Brüste aufbewahren.

Butter in einem Topf zerlaufen lassen und mit Mehl eine helle Schwitze zubereiten, etwas abkühlen lassen. Die Schwitze dann mit heißer Geflügelbrühe sowie Weißwein auffüllen und unter gelegentlichem Rühren etwa eine halbe Stunde köcheln lassen.

Möhren, Frühlingszwiebeln und Champignons in mundgerechte Stücke schneiden und in etwas Butter bissfest dünsten. Hähnchenbrüste in leicht siedende Brühe legen und etwa 10–12 Minuten garen, die Brüste sollten noch schön saftig sein.

Für die Polenta:

2 fein gewürfelte Schalotten

50 g Butter

1 l Geflügelbrühe

150 g Maisgrieß

Salz, Muskatnuss

Schalotten in einem Topf mit der Hälfte der Butter glasig schwitzen und mit Geflügelbrühe auffüllen. Wenn diese kocht, den Maisgrieß unter Rühren langsam einrieseln lassen und bei milder Hitze und unter Rühren den Grieß etwa eine halbe Stunde ausquellen lassen. Die Polenta würzen und zum Schluss die restliche Butter unterrühren, anschließend warm stellen.

Fertigstellung:

Vogelmiere sowie Petersilienblättchen in der heißen, reduzierten Brühe mit etwas kalter Butter fein pürieren und abschmecken. Geflügel darin nochmals erhitzen. Polenta in der Tellermitte anrichten, Frikassee sowie Gemüse rundherum arrangieren und mit Soße auffüllen.

Bei dieser Zubereitungsart wird sogar ein einfaches Frikassee zu einem kulinarischen Highlight. Die duftende Frische der Vogelmiere harmoniert genauso gut zur Maispolenta wie auch zur saftigen Maispoularde. Dazu passt am besten ein Silvaner aus Franken.

Überbackene Sommerbeeren mit Ringelblumensabayon

Je 80 g reife Johannisbeeren, Erdbeeren, Brombeeren und Himbeeren

200 ml Apfelsaft

4 Ringelblumenblüten

1 Vanilleschote

einige Safranfäden

2 Eigelb, 1 ganzes Ei

1 EL Honig

Die Beeren putzen, wenn nötig rasch abspülen und zum Trocknen auf ein Tuch legen. Größere Früchte halbieren. Den Apfelsaft zusammen mit den abgezupften Blüten der Ringelblumen, der ausgekratzten Vanilleschote und den Safranfäden in einem kleinen Topf etwa fünf Minuten einkochen. Die Flüssigkeit auf etwa ein Drittel der ursprünglichen Menge reduzieren. Kurz abkühlen lassen, dann die Eigelb, das Ei sowie den Honig zugeben und mit einem Schneebesen bei geringer Hitzezufuhr zu einer schaumigen Creme schlagen. Die vorbereiteten Beeren in tiefe Teller bzw. in feuerfeste Gläschen verteilen, mit dem Sabayon auffüllen und sofort im auf 180 °C vorgeheizten Ofen bei Oberhitze (Grill) überbacken.

Servieren Sie dieses typische Sommerdessert unbedingt sofort nach dem Überbacken. Dazu passt ein Beerensorbet oder ein klassisches Vanilleeis.

Holunderküchle mit Tonkabohnensoße

Für den Backteig:

200 g Mehl, 300 ml Weißwein

100 ml Sonnenblumenöl

20 g weiche Butter

Mehl, Wein, Öl und Butter zu einem glatten Teig verrühren.

Für die Tonkabohnensauce:

¼ l Milch, 50–60 g Zucker

4 Eigelb, 10 ml Rum

1 Tonkabohne

2 EL geschlagene Sahne (Rahm)

16 Holunderblüten-Dolden

1 EL Puderzucker

Fritteuse bzw. ein hoher Topf mit heißem Frittierfett

Milch erhitzen, Zucker und Eigelb gut verrühren und die aufgekochte Milch unter ständigem Rühren in die Eiermasse einlaufen lassen. Diese Masse auf einem heißem Wasserbad mit einem Holzlöffel so lange rühren bis sie etwas eindickt (nicht kochen!), dann aus dem Dampf nehmen. Den Rum unterrühren. In diese Soße die Tonkabohne reiben; am besten mit einer Muskatreibe. Die Soße abgedeckt am Herdrand warm halten.

Die Holunderblüten in den Backteig eintauchen und beim Herausnehmen die Dolde solange drehen, dass sich überflüssiger Teig lösen kann. Blüten in 160 °C heißes Frittierfett eintauchen und etwa eine Minute ausbacken.

Auf Küchenkrepp abtropfen lassen und mit Puderzucker bestäuben. Die Tonkabohnensoße nochmals aufmixen und etwas geschlagene Sahne unterheben. Küchle und Soße warm servieren.

Zu diesem typisch süddeutschen Dessert passen frische Erdbeeren oder ein Holunderblütensorbet ganz besonders gut.

Glacierte Mirabellen mit Gewürztagetes und Akaziensirup

600 g Mirabellen

200 ml trockener Weißwein

5 EL Akaziensirup

Saft einer halben Zitrone

60 g Butter

30 g Gewürztagetesblättchen

Die Mirabellen halbieren und entsteinen. Weißwein und Akaziensirup in einem weiten Topf etwas einköcheln, Mirabellen zugeben und etwa fünf Minuten mitköcheln lassen. Abschließend die Butter sowie Gewürztagetes zugeben und für einige Minuten am Herdrand ziehen lassen. Die Mirabellen in kleinen Schälchen anrichten und lauwarm servieren.

Ein süßes Vergnügen an kühlen Sommerabenden. Dazu empfehle ich Ihnen ein Gläschen Beerenauslese, das passt hervorragend zum feinen Duft von Akaziensirup und Gewürztagetes.

Bild zum Rezept: siehe Seite 104, unten

Marinierte Erdbeeren mit Süßdolde und Vanilleschaum

500 g Erdbeeren

1 Bund Süßdolde (80 g)

2 EL Puderzucker

Saft von einer halben Zitrone

100 ml trockener Sekt oder Prosecco

150 ml fettarme Milch

1 ausgekratzte Vanilleschote

Erdbeeren rasch waschen, putzen und eventuell halbieren. Süßdolde zupfen und fein schneiden, einige Zweige als Garnitur zurückbehalten. 350 g Erdbeeren mit der geschnittenen Süßdolde vermengen und etwa eine Stunde bei Zimmertemperatur ziehen lassen.

Restliche Erdbeeren mit Puderzucker und Zitronensaft fein pürieren, durch ein Haarsieb streichen und mit Sekt oder Prosecco verrühren.

Milch mit der ausgekratzten Vanilleschote erhitzen und etwas ziehen lassen, anschließend die Vanilleschote entfernen.

Die marinierten Erdbeeren anrichten und großzügig mit Erdbeersoße übergießen. Die Milch mit dem Handmixer schaumig schlagen, gleichmäßig auf den Erdbeeren verteilen und mit Süßdolde garnieren.

Ein sehr leichtes und erfrischendes Dessert, schnell und einfach zuzubereiten. Die Anisaromen der Süßdolde sowie Vanille passen ausgezeichnet zur Süße vollreifer Erdbeeren. Wenn Kinder mitessen, dann ersetzen Sie den Sekt am besten durch Mineralwasser oder Apfelsaft.

Bild zum Rezept: siehe Seite 104, oben

Zwetschgenkompott mit Creme von Römischem Ampfer

600 g Zwetschgen

300 ml trockener Rotwein

120 g Zucker

1 Zimtstange, 1 Nelke,
1 ausgekratzte Vanilleschote

¼ l Schmant

100 g Römischer Ampfer

1 EL Puderzucker

Zwetschgen halbieren und entsteinen. Rotwein und Zucker mit den Gewürzen einige Minuten sprudelnd kochen, anschließend abkühlen lassen und durch ein Sieb auf die halbierten Zwetschgen gießen. Zugedeckt mindestens eine Stunde ziehen lassen.

In der Zwischenzeit den Schmant mit Ampfer und Puderzucker fein pürieren. Das Kompott bei Zimmertemperatur auf Teller anrichten und mit der grünen Ampfercreme servieren.

Die säuerliche Creme können Sie natürlich auch mit Sauerampfer herstellen. Zum fruchtigen Zwetschgenkompott harmoniert auch eine Creme mit Basilikum.

Wer es gerne etwas exotisch mag, der kann dem Rotweinsud noch einige Scheiben Ingwer beifügen.

Bild zum Rezept: siehe Seite 105

Flambierte Pfirsichspalten mit Gundermann

4 Pfirsiche

¼ l Orangensaft

4 EL Honig

10 Gundermannblättchen

40 ml Grand Marnier

Die Pfirsiche kurz in kochendes Wasser legen, kalt abschrecken und die Haut abziehen. Die geschälten Pfirsiche halbieren, den Stein entfernen und die Früchte in gleichmäßige Spalten schneiden. Orangensaft einige Minuten einköcheln, Honig zugeben und die Pfirsichspalten in der Flüssigkeit durchschwenken. Gundermannblättchen in sehr feine Streifen schneiden. Die Pfirsichspalten nochmals erhitzen, Grand Marnier zugeben und sofort flambieren. Kurz vor dem Servieren Gundermann einstreuen, nochmals durchschwenken und auf vorbereitete Teller anrichten.

Bei der Dosierung von Gundermann ist Vorsicht geboten. Das leicht »harzige« Aroma kann dazu führen, dass der Geschmack der übrigen Zutaten überdeckt wird. Zu diesem Dessert harmonieren frische Brombeeren und Himbeereis besonders gut.

Waldmeister-Crème brûlée mit Walderdbeeren

1 Bund Waldmeister (30 g)

100 ml Apfelsaft

6 Eigelb

400 ml Sahne

40 g Puderzucker

etwas Abrieb von der Tonkabohne

brauner Zucker zum Bestreuen

200 g Walderdbeeren

20 ml Grand Marnier

Waldmeisterbündel an einem schattigen Ort welken lassen, anschließend frosten (das verstärkt die Freisetzung des Aromastoffes Cumarin). Apfelsaft auf etwa 40 °C erwärmen, den Waldmeister einlegen und zwei bis drei Stunden ziehen lassen.

Waldmeister entfernen und den Auszug auf etwa ein Drittel der ursprünglichen Flüssigkeitsmenge einkochen. Eigelb, Sahne, Puderzucker, reduzierten Apfelsaft sowie Tonkabohnenabrieb verquirlen und durch ein feines Sieb abseihen. Dann in vier feuerfeste Förmchen füllen und im auf 90 °C – 100 °C vorgeheizten Ofen etwa eine Stunde stocken lassen. Achten Sie darauf, dass der Backofen nicht zu heiß eingestellt ist, die Crème verliert sonst ihre Zartheit. Die Crème abkühlen lassen, mit braunem Zucker bestreuen und unter dem Grill goldbraun karamellisieren.

Walderdbeeren mit Orangenlikör marinieren und zusammen mit den Förmchen servieren.

Den Waldmeister können Sie im Frühjahr (vor der Blüte) sammeln und gefrostet über das gesamte Jahr verwenden. Das außergewöhnliche Aroma des Waldmeisters entsteht durch den Stoff Cumarin, dieser ist ebenfalls in Tonkabohnen enthalten. Walderdbeeren sind ideale Begleiter zu diesem Dessert, Sie können aber auch andere Beeren nach Jahreszeit dazu servieren.

Buchteln am Kräuterspieß mit Pflaumenkompott und Mandelschaum

Für den Teig:

320 g Mehl

150 ml Milch

50 g Zucker, 50 g Butter

1 Ei, 1 Eigelb

21 g Hefe (½ Würfel)

etwas Salz, etwas Zitronenabrieb

Für die Fertigstellung der Buchteln:

80 g Butter

große Kräuterstängel von Rosmarin, Ysop und Thymian

Puderzucker

Mehl in eine Schüssel sieben und Salz zugeben. Milch, Zucker, Butter, Ei, Eigelb und Zitronenabrieb in einem Topf verrühren und erwärmen, anschließend die zerbröckelte Hefe zugeben und sorgfältig unterrühren. Diese Masse zum Mehl geben und einen glatten Teig kneten, der sich gut vom Schüsselrand löst. An einem warmen Ort zugedeckt etwa 15 Minuten gehen lassen, dann nochmals durchkneten und abermals an einem warmen Ort etwa 30 Minuten gehen lassen.

Dann den Teig auf einer bemehlten Arbeitsfläche etwa 2 cm dick ausrollen, kleine Kreise ausstechen und diese zu Kugeln formen. 80 Gramm Butter zerlassen, die Kugeln rundherum darin wälzen, sie sollen während des Backens nicht aneinander kleben. Die Kugeln anschließend auf die Kräuterstängel spießen und auf ein mit Butter bepinseltes Blech dicht nebeneinander aufsetzen. Die Spieße zudecken, die Buchteln nochmals bis zur doppelten Größe aufgehen lassen und anschließend im auf 220 °C vorgeheizten Ofen goldbraun backen.

Für das Kompott:

250 g Pflaumen oder Zwetschgen

100 ml trockener Rotwein

60 g Zucker

1 Zimtstange

40 g geröstete Walnusskerne

Pflaumen oder Zwetschgen halbieren und entsteinen. Rotwein und Zucker mit der Zimtstage einige Minuten sprudelnd kochen, anschließend etwas abkühlen lassen und durch ein Sieb auf die halbierten Zwetschgen gießen. Zugedeckt mindestens eine Stunde ziehen lassen.

Fertigstellung:

Die noch heißen Buchteln mit Puderzucker bestäuben und mit lauwarmem Kompott sowie den gerösteten Walnüssen servieren.

Das Aroma der mediterranen Kräuter überträgt sich schön auf die Buchteln und harmoniert wunderbar mit den Pflaumen. Dazu passt eine Vanille- oder Zimtsoße.

Spitzwegerich-Brennnesselkuchen

Springform ø 26 cm

Für den Teig:

200 g Mehl

50 g Zucker, 50 g Puderzucker

100 g nicht zu weiche Butter in Stückchen

1 Prise Salz, 1 Eigelb

Aus Mehl, Zucker, Butter, Salz und Eigelb zügig einen glatten Teig herstellen und in Folie eingeschlagen für etwa zwei Stunden kühl stellen.

Für die Füllung:

50 g Rosinen

etwas warmer Apfelsaft

200 g Spitzwegerichblätter

200 g Brennnesseln

4 Eier, $^1/_8$ l Milch

2 EL Honig

100 g gemahlene Haselnüsse

30 g brauner Zucker

Rosinen in warmen Apfelsaft einlegen. Den Spitzwegerich und die Brennnesseln blanchieren, anschließend eiskalt abschrecken und gut ausdrücken. Die blanchierten Kräuter grob hacken. Aus den Eiern, Milch, Honig und Rosinen einen Eierstich herstellen, darauf achten, dass alle Zutaten gut miteinander verrührt werden; die Kräuter unterheben.

Fertigstellung:

Den Teig auf einer bemehlten Arbeitsfläche etwa 0,5 cm dünn ausrollen und damit eine gebutterte Springform gleichmäßig auslegen, den Rand hochziehen. Mit Backpapier und Erbsen bedecken und bei 175 °C etwa 10 Minuten blind backen. Folie und Erbsen entfernen, Eierguss in die Form füllen und mit Haselnüssen sowie braunem Zucker bestreuen. Bei 160 °C etwa eine halbe Stunde fertig backen. Bei Zimmertemperatur und mit Puderzucker bestreut servieren.

Kaffeeklatsch mit Unkrauttorte – Ihre Gäste werden begeistert sein.

Restaurant Margaux – cuisine avantgarde classique

so lautet der prägnante Küchenstil von Michael Hoffmann, Cuisinier und Inhaber des Restaurants Margaux in Berlin. Drei Begriffe sind mit diesem Küchenstil untrennbar verbunden: die klassische französische Küche, artgerechte Produkte sowie Innovation.

Wenn es um das Produkt geht, ist Michael Hoffmann ein regelrechter Fanatiker. Ihn interessiert vor allem die Herkunft der Lebensmittel: Wer hat gesät, gesammelt, geerntet. Auf seiner häufig wechselnden Speisekarte finden sich, entsprechend der Jahreszeit, ursprünglich gewachsene bzw. aufgewachsene Spezialitäten mit Herkunftsnachweis. Die Tomate der Sorte »Harzfeuer« erhält dieselbe Aufmerksamkeit wie der geangelte Seewolf (Bar de ligne) oder das Mieral-Geflügel eines ihm bekannten Züchters. Auch wenn das Speisenangebot im Margaux deutlich französische Wurzeln hat, das Bekenntnis zur heimischen, artgerechten Produktwelt sowie zur Vielfalt der deutschen regionalen Gastronomie ist unübersehbar. Michael Hoffmann verzichtet auf exotische Einflüsse, stattdessen arbeitet er seit Jahren schon mit den reizvollen Aromen heimischer Wildkräuter. Seine schier unerschöpfliche Fantasie und Neugier lassen einmalige Gerichte wie »Hummer mit Wassermelone und Sauerklee« oder »Bar de ligne mit gebratenem Spitzwegerich und Zitronenkonfitüre« entstehen.

Einfach gut speisen, mit diesem Satz wird man im Berliner Margaux* empfangen. Treten Sie ein und genießen Sie drei Interpretationen von Michael Hoffmanns »cuisine avantgarde classique«.

* Restaurant Margaux, Unter den Linden 78, D-10117 Berlin
Fon: +49 (0) 30 / 22 65 26 11, www.margaux-berlin.de

Crème von Chinesischem Senf Taubnesselsalat mit Limette und Kartoffelcroûtons

Zutaten für ca. 10 Personen

Für die Crème:

600 g Chinesischer Senf

6 fein gewürfelte Schalotten

1 gehackte Knoblauchzehe

200 g Butter

1 Msp gehackter Kümmel

Steinsalz

200 ml Sahne (Rahm)

Für den Taubnesselsalat:

200 g Taubnessel

50 ml Olivenöl

abgeriebene Schale von
2 unbehandelten Limetten

Chinesischen Senf waschen und trocken tupfen. Die Schalotten sowie den Knoblauch in 100 Gramm Butter in einem weiten Topf anschwitzen. Chinesischen Senf zugeben, zusammenfallen lassen und mit Kümmel sowie Steinsalz würzen. Bei hoher Hitze vollständig ausdampfen lassen. Dann die Sahne zugeben und einkochen.

In einem Mixer mit sehr hoher Umdrehungszahl fein mixen, dabei nach und nach die restliche Butter zugeben, anschließend warm stellen.

Taubnesseln putzen, rasch waschen und trockenschleudern. Öl und Limettenschale miteinander verrühren und die Taubnesseln damit marinieren.

Fortsetzung siehe Seite 116 >>

Crème von Chinesischem Senf Taubnesselsalat mit Limette und Kartoffelcroûtons – Fortsetzung

Für die Croûtons:

200 g geschälte Kartoffeln

100 ml geklärte Butter

Steinsalz

Kartoffeln in Brunoise schneiden, kalt abwaschen und auf einem Tuch trocken legen. Anschließend in geklärter Butter bei 120 °C ausbacken. Kurz vor dem Servieren in geklärter Butter goldgelb nachbraten. Auf Küchenkrepp geben und nach Bedarf salzen.

Lauwarme Senfcreme gleichmäßig auf Teller verteilen und mit einem Löffel leicht andrücken. Marinierte Taubnesseln locker anlegen und die noch heißen Croûtons darüber geben.

Ein wunderbares Zwischengericht, das im Jahre 2004 zum ersten Mal auf der Speisekarte des Margaux stand. Einfachste Zutaten werden zu einer eleganten Komposition für Zunge und Auge.

»Bar de Ligne«

Tatar von Langoustines, dazu weiße Mandelsauce, gebratener Spitzwegerich und Zitronenkonfitüre

Zutaten für 4–6 Personen

Für die Sauce:

10 Schalotten, in Julienne geschnitten

½ l Fischfond

½ l Geflügelfond

60 ml Milch

190 g Mandelgrieß

180 g gesalzene Butter

1 Msp Cayennepfeffer

1 Spritzer Limettensaft

300 ml Mandelöl

Schalotten mit Fisch- und Geflügelfond um die Hälfte reduzieren, dann die Milch zugeben.

Den Mandelgrieß in Butter bei milder Hitze anschwitzen, mit der Reduktion aufgießen, aufkochen und mit Cayennepfeffer sowie Limettensaft abschmecken. Abschließend mit Mandelöl aufmixen und passieren. Abgedeckt warm stellen.

Für das Tatar:

8 Stück Langoustines, tagesfrisch (!)

Mandelöl

Meersalz

grüner Pfeffer aus der Mühle

abgeriebene Limettenschale (unbehandelt)

Die küchenfertigen Langoustines klein schneiden. Mit Mandelöl, Meersalz, grünem Pfeffer und abgeriebener Limettenschale vorsichtig vermengen und abschmecken.

Für den Bar de Ligne:

600 g Bar de Ligne-Filet
(kein Zuchtfisch)

Beurre demi-sel (gesalzene Butter)

Den Fisch, ohne Farbe nehmen zu lassen, in der Butter poelieren (mehr dünsten als braten).

Für die Garnitur:

12 Blätter Spitzwegerich

Olivenöl

20 g Zitronenkonfitüre

Gewürze

Den Spitzwegerich langsam bei milder Hitze in Olivenöl braten und auf Küchenkrepp legen.

Das Tatar auf den gegarten Fisch dressieren und kurz bei etwas Oberwärme ziehen lassen.

Anschließend den gebratenen Spitzwegerich darauf legen. Auf einem Teller einen Saucenspiegel gießen, den Fisch in die Sauce setzen und mit der Zitronenkonfitüre garnieren.

Ein aufregendes Fischgericht. Das Kunststück bei der Zubereitung beginnt sicherlich schon beim Einkauf von Bar de Ligne und Langoustines. Letztere sollten praktisch fangfrisch sein, wenden Sie sich also unbedingt an den Fischhändler Ihres Vertrauens.

Hechtklößchen nach »Kardinals Art«

Zutaten für 4 Personen

Für die Klößchen:

300 g schieres Hechtfleisch

¼ l Fischgrundsauce

1 Eiklar

30 g gesalzene Butter

Salz, weißer Pfeffer aus der Mühle

Das Hechtfleisch in Würfel schneiden, leicht salzen und pfeffern, dann mit den restlichen Zutaten mischen und kalt stellen. Die Masse in einem Kutter fein pürieren und durch ein Sieb streichen, nochmals kalt stellen. Anschließend in einem Mixer mit hoher Umdrehungszahl aufmixen, so wird die Masse schön locker und geschmeidig. Mit einem Esslöffel Klößchen abstechen und etwa 8–10 Minuten im vorbereiteten Sud gar ziehen lassen.

Für den Sud:

50 g Knollensellerie

50 g Karotten

50 g Lauch

2 Schalotten

Saft einer halben Zitrone

1 Lorbeerblatt

1 Zweig Estragon

½ l Fischfond

Das Gemüse und die Schalotten putzen und in grobe Stücke schneiden. Mit den Gewürzen und dem Fischfond zum Kochen bringen und darin die Klößchen pochieren.

Für den Wildkräuterspinat:

50 g Pimpinelle

200 g Brunnenkresse

100 g Franzosenkraut

30 g Radieschenschoten

abgeriebene Schale von einer unbehandelten Limette

30 ml Sonnenblumenöl

Das Öl erwärmen und unter ständigem Rühren die Kräuter in folgender Reihenfolge darin zusammenfallen lassen: Brunnenkresse, Pimpinelle, Franzosenkraut und Radieschensprossen.

Den Spinat mit abgeriebener Limettenschale abschmecken.

Für die Garnitur:

1 Hummer von 800 g

100 ml reduzierter Hummerfond

Gewürze: gestoßener Pfeffer, Kümmel, Lorbeer, Petersilienstängel

Meersalz

Den Hummer in gewürztem Fond kochen, ausbrechen und portionieren. Die Hummerstücke unter einer Wärmelampe warm halten.

Den Wildkräuterspinat gleichmäßig auf vorgewärmte Teller verteilen und die Hechtklößchen darauf anrichten. Hummerstücke anlegen und mit reduziertem Hummerfond nappieren.

Ein schönes Beispiel für Michael Hoffmanns »cuisine avantgarde classique«. Das berühmte französische Gericht aus vergangenen Zeiten erfährt in dieser Variante eine gebührende Renaissance.

Gärtnerische Aspekte

Olaf Schnelle

Wenn man in einem Elternhaus aufgewachsen ist, in dem schon immer gut gegessen und gerne gegärtnert wurde, und wenn man sich dann als Jugendlicher intensiv mit der heimischen Flora auseinander setzt, um zu erkunden, welche Kräuter in der Natur essbar sind, dann wird einem schnell klar, dass man etwas Besonderes entdeckt: Nämlich eine unvergleichliche Fülle von Aromen, die es so in keinem Gemüseregal gibt.

Allein die Vielfalt essbarer Wildpflanzen ist derart groß, dass man auf Jahre immer Neues zu entdecken hat. Dennoch lockt die Neugier in immer neue Bereiche, und irgendwann macht sie auch vor dem Ziergarten nicht halt. Auch hier: Überraschungen an jeder Ecke! Der Name

ESSBARE LANDSCHAFTEN

wird schnell zum Programm.

Diese Vielfalt blieb bei mir lange als kulinarische Möglichkeit nur vage im Bewusstsein. Erst als ich Ralf Hiener mit seinem kulinarischen Wissen und Können kennen lernte, bekam ich Gewissheit, dass diese Ahnung keine fixe Idee war.

Ich wünsche Ihnen, dass auch Sie sich immer wieder neu infizieren lassen von der Fülle der Aromen, die die Natur uns bietet. Denn sie unterscheidet nicht zwischen Wildkraut und Gemüse und auch nicht zwischen Gemüsebeet und Staudenrabatte.

Kräuter, Unkräuter und Wildkräuter

Der Mensch neigt zum Katalogisieren – und das macht ja auch Sinn. Wenn wir über Kräuter reden, dann sind das im botanischen Sinne Pflanzen, die keine dauerhaften Organe ausbilden, die also nach einem, spätestens zwei Jahren absterben. Bäume sind also keine Kräuter, der bekannte Kopfsalat aber wohl. Aber was ist mit dem Salbei, der ja deutlich verholzende Pflanzenteile besitzt und aus denen er nach jedem Winter immer wieder treu austreibt? Er zählt trotzdem zu den Kräutern, zwar nicht im botanischen Sinne, aber der allgemeine Sprachgebrauch bezeichnet Pflanzen, die man zum Würzen oder für Heilzwecke nutzt, eben auch als Kraut.

Unkraut und Wildkraut sind Begriffe, die der Mensch geschaffen hat und die den persönlichen Blickwinkel des Menschen auf das einzelne Kraut erkennen lassen. Wir auf Gut Boltenhagen haben keine Probleme mit dem Wort »Unkraut«. Dieses benutzt der Gärtner für Kräuter, die oft dort wachsen, wo er eigentlich gerne andere Pflanzen kultivieren würde. Wildkräuter sind dagegen Pflanzen, die mehr oder minder ohne menschliches Zutun in der Natur wachsen. Oft sind sie Anlass großer Freude, wenn der Wanderer beispielsweise dem wilden Knabenkraut begegnet. Gerade an diesem Kraut wird deutlich, wie oft das Wort »Natur« oder »Wildnis« ideologisch eingesetzt wird. Dieses scheinbar heile Natur anzeigende Knabenkraut ist ein klassischer Kulturfolger. Ohne menschlichen Eingriff in die Natur, ohne dessen Kultivierungsmaßnahmen, gäbe es dieses Kräutlein nicht – genauso wie viele unserer heute so lieb und oft so selten gewordenen Naturschätze. Auch die meist abfällig bezeichneten »Unkräuter« sind Kulturfolger.

Über einen längeren Zeitraum gesehen, wandelt sich das Bild des Menschen zum jeweiligen Kraut. Früher hochproblematische Unkräuter wie die Kornrade stehen heute auf der Liste der zu schützenden Arten, auch der Ackerrittersporn zählt dazu.

Unser Anliegen ist es, den Blickwinkel noch etwas zu verändern. Wir möchten Sie einladen in eine neue Welt der Kräuter und wir unterscheiden dabei nicht vordergründig zwischen Kraut, Wildkraut und Unkraut. Wir wollen Ihnen die kulinarische Seite all dieser Pflanzenschätze bewusst werden lassen.

Geschichte der Kräuter

Die Geschichte der Menschheit ist begleitet von Kräutern. Von den frühen Menschen über die Jäger und Sammler bis in die heutige Zeit nahmen die unterschiedlichsten Kräuter im Leben der Generationen einen wichtigen Teil ein. Sie liefern Farbstoffe, Fasern, Rauch- und Rauschmittel, sie begleiten bis heute Zeremonien in allen Kulturen der Welt. Kräuter liefern Fette und Öle, Arznei und Zucker. Aus ihnen lassen sich Seifen gewinnen, Kautschuke, Harze, ätherische Öle und Gerbstoffe.

Und ganz nebenbei liefern Kräuter Nahrung und Genuss.

Früher waren Kräuter aus Natur und Garten täglicher Bestandteil der Nahrung. Zu Goethes Zeiten gab es auf den Märkten noch selbstverständlich frische Wildkräuter zu kaufen, die in der Natur gesammelt wurden. Aus diesem riesigen Fundus blieben in Deutschland und auch in der kulinarischen Hochburg Frankreich nur einige wenige Kräuter bis in die heutige Zeit erhalten. Neben Löwenzahn und Brunnenkresse haben lediglich die wichtigsten Küchenkräuter ihren Platz behaupten können. Sie dienen vorzugsweise als Würzmittel. Kräuter als Salat, oder solche mit denen richtig gekocht wird, sind sehr selten geworden.

Die Gründe sind vielfältig. Der Abstieg als tägliches Nahrungsmittel setzte ein, als die Feingemüse aus den Gärten der Fürstenhäuser und des Bürgertums durch die Fortschritte im Gartenbau immer billiger produziert werden konnten. Sie eroberten die Marktstände und die Wildgemüse wurden unfein.

Wildkräuter wurden nur noch in Notzeiten »wiederentdeckt«. Weil aber in diesen Perioden nicht gut gekocht wird, sind sie in einen schlechten Ruf geraten. Die berühmte Brennnesselsuppe der Nachkriegsjahre lässt wohl kaum jemandem das Wasser im Munde zusammenlaufen.

Doch wollen wir in diesem Buch den Beweis antreten, dass die Kräuterküche hochmodern und lecker sein kann.

Bedeutung der Kräuter heute

Das Interessante an essbaren Wildkräutern liegt in drei reizvollen Kontrasten begründet:

- Wildkräuter sind gesund und schmecken.
- Wildkräuter sind heimisch und exotisch.
- Wildkräuter sind unbekannt und haben doch eine lange Geschichte.

Wildkräuter sind gesund und schmecken

Medizin muss bitter sein, heißt es.

Auf viele der aus den bekannten Heilpflanzen gewonnenen Arzneien trifft das wohl zu, doch was wäre, wenn manche der Kräutlein neben ihren zahlreichen gesundheitsfördernden Wirkungen außerdem einen nicht zu verachtenden kulinarischen Wert hätten und das alte Sprichwort Lügen strafen würden?

Und viele unserer Kräuter sind uralte Heilkräuter. Denken wir nur an den süßlich schmeckenden Spitzwegerich, die herbe Schafgarbe oder die Taubnessel, die vom Aroma her an Champignons erinnert. Selbst die Vogelmiere ist ein Heilkraut. Sie schmeckt genau wie junger Mais und zeigt überdeutlich, wie gut »Medizin« munden kann.

Nach unterschiedlichen Quellen in der Literatur und im Internet haben Wildkräuter in sämtlichen Bereichen höhere Werte bei Mineralstoff- und Vitamingehalt als Kulturpflanzen. Aus diesen Zahlen wird deutlich, wie hoch das gesundheitliche Potenzial der Wildkräuter ist.

	Kulturgemüse	Wildkräuter	Empfohlene Tagesdosis
Wassergehalt in %	91,90	84,60	3500 mg
Kalium mg / 100 g	343,0	584,0	800 mg
Phosphor mg / 100 g	48,9	82,0	325 mg
Magnesium mg / 100 g	20,6	60,0	800 mg
Calcium mg / 100 g	63,7	238,0	1,4 mg
Eisen mg / 100 g	1,4	4,1	100 mg
Vitamin C mg/100 g	47,4	209,0	800 µg
Provitamin A µg / 100 g	253,0	588,0	1 g je kg Körpergewicht
Reineiweißgehalt g / 100 g	1,3	4,6	–

(Tabellenwerte sind gemittelte Werte von Wildpflanzen wie Vogelmiere, Löwenzahn, Franzosenkraut, Gänseblümchen, Weißem Gänsefuß, Huflattich, Brennnessel, Knöterich, Malve, Guter Heinrich, Bärenklau, Weidenröschen. bzw. Kulturpflanzen wie Endiviensalat, Chicorée, Kopfsalat, Grünen Bohnen, Spargel, Lauch, Mangold, Kohlarten etc ...)

Diese Zahlen sind beeindruckend, doch vielleicht noch wichtiger sind die sogenannten sekundären Pflanzenstoffe, deren Bedeutung heute unumstritten ist. Von denen gibt es ca. 30.000 verschiedene. Allein in den geläufigen Nahrungspflanzen sind bis heute über 10.000 unterschiedliche Stoffe analysiert worden. Von vielen dieser Stoffe ist nicht genau bekannt, ob und wie sie im menschlichen Körper wirken. Dass sie dies auf positive Weise tun, scheint mir sehr wahrscheinlich. Im Sinne einer ausgewogenen, abwechslungsreichen Ernährung kann der zumindest zeitweilige Genuss von

Wildkräutern also eine gesunde Bereicherung bedeuten. Denn mit großer Wahrscheinlichkeit weist so manches Wildkraut Pflanzenstoffe auf, die es so in der »normalen« Ernährung nicht oder nicht genügend gibt.

Wichtige sekundäre Pflanzenstoffe sind in verschiedenen Stoffgruppen zusammengefasst worden:

Flavonoide

Wirkung: Flavonoide sind Pflanzenfarbstoffe, die antioxidativ wirken. Sie hemmen die Gefäßverengung und bremsen unkontrolliertes Zellwachstum.

Glucosinolate

Zu der Gruppe der Glucosinolate zählen die Senföle. Sie wirken antibakteriell und allgemein entgiftend.

Phenolsäuren

Diese Säurengruppe fängt sogenannte freie Radikale ein. Damit wirken sie antioxidativ und verlangsamen die Alterungsprozesse.

Phytoöstrogene

Zu den pflanzlichen Östrogenen gehören die Isoflavone und Lignane. Sie wirken ähnlich wie die körpereigenen Östrogene und dienen der Prävention hormonabhängiger Krebsarten.

Phytosterine

Sie sind das pflanzliche Gegenstück zum Cholesterin, bewirken aber, dass die Blutfettwerte sinken!

Protease-Inhibitoren

Eine Stoffgruppe, die bestimmte Enzyme unterdrückt, die eiweißspaltend wirken. Ihnen wird heutzutage eine krebshemmende Wirkung nachgesagt.

Saponine

Bittere Pflanzenstoffe, die in der Gruppe der Nelkengewächse oft vorkommen. Dazu gehört zum Beispiel unsere Vogelmiere. Diese Stoffe werden vom Organismus zwar kaum aufgenommen, wirken aber darmreinigend und haben somit ihren Wert.

Sulfide

Sulfide gibt es in der Gruppe der Zwiebelgewächse zuhauf. Sie sind dafür verantwortlich, dass man nach dem Genuss von Knoblauch oder Bärlauch möglicherweise unter sozialer Ausgrenzung leidet. Aber auch die Mikroben werden verscheucht und das ist ein schöner, heilender Effekt, der noch dadurch verstärkt wird, dass die Sulfide stark antioxidierend wirken und das Immunsystem stärken.

Terpene

Diese große Gruppe der Duft- und Geschmacksstoffe ist im Einzelnen nur sehr unzureichend erforscht. Es gibt über 4.000 verschieden Terpene. Sie kommen in den klassisch-ätherischen Würzkräutern wie Thymian, Kümmel und Pfefferminze vor. All diese Würzkräuter sind auch typische Heilkräuter.

Wie wir sehen, ist die gesundheitliche Wirkung von Pflanzen immens. Und die von (Wild-)Kräutern, ganz besonders.

Wildkräuter sind heimisch und exotisch

Viele unserer interessantesten Kräuter sind in Europa heimisch. Sie wachsen oft ganz unbeachtet direkt vor unserer Haustür oder wild zwischen unseren Kulturpflanzen. Die einzige Aufmerksamkeit die wir Ihnen schenken, dient meist ihrer Bekämpfung.

Kräuter in der Natur sind den meisten Menschen heute fast gänzlich unbekannt, da das Wissen um die heimische Pflanzenwelt schon seit langem kaum noch von den Eltern an die Kinder weitergegeben wird und auch der moderne Biologieunterricht sich diesem Thema nicht mehr zuwendet.

Zwar lernen wir viel über den Aufbau der Pflanzenzelle oder die chemischen und energetischen Prozesse während der Photosynthese, doch echte Pflanzen bekommt man in der Schule nicht zu Gesicht. Die unmittelbar umgebende Flora ist uns fremd geworden.

Und wie allem Unbekannten hängt so heute auch den heimischen Kräutern eine gewisse Exotik an, die zugleich einen großen Reiz in sich birgt: Viele Menschen beginnen trotz der weit verbreiteten

Unkenntnis das hohe Potenzial all der lange Zeit wenig beachteten Kräuter zu erahnen. Das Interesse daran, sich ihrem Reich zu nähern, ist erwacht und bringt neue Rohstoffe in die Küche.

Wildkräuter sind unbekannt und haben doch eine lange Geschichte

Obwohl viele Wildkräuter in Vergessenheit geraten sind, haben die meisten von ihnen doch eine lange Geschichte. Sie gehörten bis vor 200 Jahren noch zum Alltag: Als Heilpflanzen, als Nahrungsmittel, aber auch als Zauberpflanzen und Rauschmittel. Somit ranken sich seit jeher um viele Kräuter zahlreiche Legenden.

Den Baldrian zum Beispiel verwendeten schon die alten Römer und Griechen. Der botanische Name leitet sich vom lateinischen »valere« – gesund sein – ab.

Im Mittelalter zählte der Baldrian zu den Kräutern, denen geheime Kräfte zugesprochen wurden. In den Volkssagen der Dänen und Deutschen wuchs der Baldrian aus den Blutstropfen, die vom gekreuzigten Heiland zu Boden fielen.

Solche Geschichten gibt es in großer Vielfalt zu vielen Kräutern. Oft sind sie sehr spannend und zeigen, wie wichtig die jeweilige Pflanze für unsere Vorfahren war.

Richtiger Umgang mit Kräutern

Kräuter wie die Pfefferminze, der Oregano, und der Blattkoriander aber auch solche Wildkräuter wie der Bärlauch oder die Brennnessel werden heutzutage auf großen Ländereien angebaut. Es wird außerdem kaum einen Hausgarten geben, in dem keine Kräuter stehen. Dort wachsen oft Kräuter, über deren Einsatz dem Gärtner kaum etwas bekannt ist. Trotzdem lässt er sie wachsen, weil sie schön duften, nett aussehen oder von riesigen Schwärmen Hummeln, Wildbienen oder Faltern umsurrt werden. Selbst im Balkonkasten oder in Töpfen auf dem Küchenfensterbrett gibt es Möglichkeiten für die Kräuterzucht.

Zum Anbau von Kräutern ist eine große Fülle weiterführender Literatur vorhanden. Darum wollen wir uns nachfolgend auf Hinweise zur Ernte und Lagerung frischer Kräuter beschränken.

Ernte

Grundsätzlich ernten wir die Kräuter unmittelbar vor ihrem Gebrauch. Dieser Idealfall setzt voraus, dass der Küchentisch quasi unmittelbar im Kräuterbeet steht. Denn der Koch muss schon hochmotiviert sein, sich mitten im Kochprozess möglicherweise eine Regenjacke überzuwerfen, um für ein Bündel frischer Kräuter 500 Meter durch den verregneten Garten hin und zurück zu rennen. Also wird meist vorher geerntet. Dies sollte möglichst früh am Morgen geschehen, genau dann, wenn der Morgentau gerade abgetrocknet ist. Im Zweifelsfalle ist es besser, wenn die Kräuter noch etwas feucht sind, als bei hohem Sonnenstand zu ernten. Denn dann welken die Kräuter im Korb so schnell, dass man dabei zusehen kann. Einzige Hilfe hier: Legen Sie ein feuchtes Tuch in den Erntekorb, umschließen Sie die Kräuter – und sofort in die Küche damit.

Stellt sich noch die Frage, welche Pflanzenteile erntet man und wie viel ernte ich, ohne der Pflanze zu schaden? Der letzte Teil der Frage ist schnell beantwortet: »Rauben« Sie der Pflanze nie mehr als ein Drittel ihrer Masse. Dann wächst sie schnell wieder nach oder zumindest wird der Bestand nicht gefährdet. Die Frage nach dem zu erntenden Pflanzenteil hat fast so viele Antworten wie es

Pflanzen oder Kulturmethoden gibt. Darum finden sich hierzu im beschreibenden Teil spezielle Hinweise zu den einzelnen Kräutern.

Lagerung

Nach der Ernte müssen die Pflanzen optimal gelagert oder gleich verarbeitet werden.

Wildkräuter sind von sich aus recht lange haltbar. Innerhalb der großen Palette dieser Kräuter gibt es zwar ein paar Unterschiede, die aber so richtig bedeutend nur im professionellen Bereich sind. Nachfolgend einige allgemeine Grundsätze:

Lagern Sie die Kräuter nach Sorten getrennt. Sie können zwar in denselben Behälter, aber dort sollten Sie sie auseinander halten. Dies hat den Vorteil, dass man bei der unterschiedlichen Lagerfähigkeit der einzelnen Arten die robusten Kräuter nicht durch die kurzlebigeren verdirbt, was unweigerlich geschehen würde, wenn alles miteinander vermischt wäre.

Lagern Sie die Kräuter kühl. Die meisten Arten halten es im Gemüsefach des Kühlschranks gut aus. Ideal wären 2 °C bis 4 °C. Doch gibt es auch hier Ausnahmen: Basilikum gehört genauso wenig in den Kühlschrank wie Tomaten. Die Tomaten verlieren ihr Aroma und Basilikum »erfriert« schon ab 4 °C über Null.

Geben Sie Ihren Kräutern Feuchtigkeit aber keine Nässe. Das heißt, dass Sie die Kräuterbündel nicht in ein Glas Wasser stellen sollten. Meist fault das Wasser sehr schnell und die Kräuter duften nicht mehr, sondern stinken. Nässe geht einher mit Sauerstoffmangel und der hat Fäulnis zur Folge. Trotzdem ist Feuchtigkeit gut und zögert die Welke hinaus. Am einfachsten ist es also, die Kräuter in feuchte Tücher einzuschlagen und diese dann ins Kühlfach zu legen, Plastiktüten sind nicht optimal. Denn oft kondensiert das Wasser an der Tüteninnenseite und die Blätter die da anliegen, faulen genau an diesen Stellen zuerst.

Eine ideale Form der Kräuteraufbewahrung ist folgende: Füllen Sie eine Plastikdose 2 cm hoch mit groben gewaschenen Kieselsteinen. Diese 2 cm stauen Sie zur Hälfte mit Wasser an. Oben auf den Kies kommt ein Haushaltsvlies/Küchenpapier und darauf die Kräuter. Deckel auf die Dose und ab damit in den Kühlschrank. Sie werden erstaunt sein!

Warenkunde

Ackerhellerkraut

pennycress (engl.), tabouret (franz.), erba storna (ital.)

Botanischer Name: Thlaspi arvense

Familie: Brassicaceae, Kreuzblütengewächse

Herkunft: Europa und Asien

Pflanze: einjährige Pflanze; aus einer kleinen Blattrosette wächst ein Blütenstängel mit weißen Blüten aus denen sich auffällige Samenstände entwickeln. Sie sind recht groß und rund (Ackerheller) und enthalten braune Samen, die sich wie die der Brunnenkresse gut zu Senf verarbeiten lassen.

Da die Pflanze meist erst auffällt, wenn sie ihre Samenstände entwickelt hat und dann die Blätter schon vergangen sind, kennt kaum ein Laie heutzutage das eigentliche Kraut. Der Landwirt wird es wohl erkennen, denn es ist für ihn ein lästiges Unkraut, das er bekämpfen muss. Das kann man schade finden, denn die Blätter schmecken nach einer sehr gelungenen Mischung aus allen möglichen Lauch- und Senfaromen. Diese werden begleitet von sehr angenehmen Bittertönen. Ein kräftiges Würzkraut also.

Geerntet wird die ganze Rosette, bevor der Blütenstängel verholzt.

Ackerveilchen, Wildes Stiefmütterchen, Duftveilchen

field pansy, heartsease, johnny-jump-up (engl.), pensée sauvage (franz.), viola del pensiero (ital.)

Botanischer Name: Viola arvensis (Ackerveilchen), Viola tricolor (Wildes Stiefmütterchen), Viola odorata (Duft-, Märzveilchen)

Familie: Violaceae, Veilchengewächse

Herkunft: Europa und Asien

Pflanze: ein- und mehrjährige kleine Kräuter, große Farbenvielfalt, Blüte von März bis Juni und später, je nach Art und Sorte.

So verschiedenartige Veilchen wie das (wilde) Stiefmütterchen und das Ackerveilchen einerseits und das Duftveilchen andererseits, haben neben einer unterschiedlichen Optik natürlich auch ganz andere Inhaltsstoffe und damit Aromen bzw. Heilzwecke zur Folge.

Während sich das Duftveilchen schon ganz früh im Jahr mit einer sehr stark duftenden Blüte hervortut, folgen ihm die anderen Veilchen gar nicht so viel später ohne Duft, jedoch dafür mit einer längeren Blütezeit und einer unglaublichen Farbvielfalt.

Diese Unterschiede setzen sich auch in den Inhaltsstoffen fort. Das Duftveilchen hat neben dem betörenden Duft Inhaltsstoffe, die es als Bestandteil von Hautcremes empfehlen.

Die beiden anderen hier genannten Veilchenarten haben einen recht eigenartigen Geschmack. Wenn wir ihn auf unseren Wanderungen von den Teilnehmern testen lassen, ergeben sich Assoziationen, die von Wrigley's Juicy Fruit, über Vanillin, Tonkabohne bis hin zu Aspirin reichen. Alles stimmt irgendwie und letzteres hat auch einen Hintergrund. Die Acetylsalicylsäure der Tablette ist chemisch verwandt mit der Methylsalicylsäure des Veilchens.

Ernte: einzelne Blüten oder ganze Triebspitzen

Baldrian

common valerian (engl.), valériane officinale (franz.), valeriana (ital.)

Botanischer Name: Valeriana officinalis

Familie: Valerianaceae, Baldriangewächse

Herkunft: Europa und Asien; auf feuchten, lehmhaltigen Böden heute Anbau in Europa, Japan und USA

Pflanze: mehrjährig, bis zu 2 m hoch, fiederblättrig, rosa Blüten in flacher Trugdolde mit starkem Duft, der nicht immer angenehm empfunden wird.

Normalerweise ist der Baldrian eine Heilpflanze, deren Wurzeln bzw. Rhizome als beruhigende Droge Verwendung finden. Wir schätzen am Baldrian die jungen Blätter. Sie sind schon im März zu sehen und besitzen zu dieser Jahreszeit neben einer schönen purpurnen Färbung ein sehr eigenes Aroma. Stellen Sie sich den Geschmack von hochkonzentriertem Kopfsalat vor. Aber: schnell essen! Denn der Geschmack ändert sich während des lustvollen Kauens: Nur die Freunde von leicht angestoßenen Bananen werden sich freuen …

Diese Blätter sind aber in jedem Fall eine Bereicherung eines jeden Frühlingssalates. Interessanterweise treibt der Baldrian im September nochmals frisch nach. Ernten Sie immer nur ein paar kleine Blätter aus der Mitte des Pflanzenstocks. Dies können Sie immer wieder tun, bis sich der Blütenstand ab Ende Juni in die Höhe schiebt.

In großen Mengen schwach giftig.

Bärlauch, Schnittknoblauch, etc.

Allium ursinum: wild garlic, bear's garlic, ramson, (engl.), ail des ours, ail sauvage (franz.), erba orsina, aglio orsino (ital.), ajo silvestre, ajo de orso (span.)

Allium odorum: chinese garlic (engl.)

Allium tuberosum: garlic oder oriental chives (engl.)

Botanischer Name: Allium ursinum (Bärlauch)
Allium tuberosum (Schnittknoblauch)
Allium odorum (Chinesischer Lauch)

Familie: Alliaceae, Lauchgewächse

Synonyme: Wilder Knoblauch, Waldknoblauch, Ramsen

Herkunft: Mitteleuropa

Pflanze: allen Laucharten gemein ist, dass sie als einkeimblättrige Pflanzen recht schmale Blätter haben, in denen die Blattnerven parallel verlaufen. Die Blätter des derzeit beliebtesten Wildkrautes – dem Bärlauch – sind aber trotzdem immerhin bis zu 8 cm breit. Sie ähneln denen des giftigen Maiglöckchens derart, dass es jährlich immer wieder zu Todesfällen kommt. Denn die Faszination, die von diesem Kraut ausgeht, scheint so groß zu sein, dass manche Leute begehrlich große Mengen sammeln und dann verzehren, ohne zu bemerken, dass sie etwas Falsches geerntet haben. Dabei muss man nur mal die Nase benutzen. Bärlauch riecht ganz deutlich nach Knoblauch, Maiglöckchen nicht. Also keine Scheu vor Vergiftung, sondern Augen und Nasen auf beim Ernten! Denn es lohnt sich. Mit Bärlauch ist es genau wie mit den anderen Laucharten: sie sind gesund und schmecken. Die gesundheitlichen Wirkungen sind breit gefächert. Die Alliumarten wirken allgemein antibiotisch, antiviral, schweißtreibend, senken den Cholesterinspiegel und regen den Appetit an.

Der Vorteil des wilden Bärlauchs gegenüber dem Knoblauch ist – wird immer wieder behauptet –, dass der Bärlauch nicht so stinken würde. Dies ist leider nur eine Fabel. Man sollte vor dem Genuss schon genau überlegen, wie gesellschaftstauglich man innerhalb der nächsten Stunden sein will. Oder man verwöhnt eben gleich die ganze Gesellschaft mit einem Bärlauchgericht.
Von sämtlichen genießbaren Laucharten, die ich kenne, lässt sich übrigens neben den Blättern auch die oftmals große Blütenknospe als Gemüse und die Blüte selbst als essbare Dekoration verwenden. Bei den Schnittlauchblüten kann dies besonders dekorativ sein, weil hier die schöne violette bis purpurne Färbung der Blüten jedem Salat neben dem Aroma eben auch noch etwas Farbe verleiht. Einfach nur auszupfen!

Übrigens lässt sich der Bärlauch nicht die gesamte Saison ernten. Ab Mitte Juni verwelken seine Blätter und hinterlassen einen infernalen Gestank. Zu dieser Zeit kommen dann die Blätter des Schnittknoblauchs und des Chinesischen Lauchs in den erntereifen Zustand. Sie sind eine zeitliche Verlängerung des Bärlaucharomas.

Basilikum

basil (engl.), basilic (franz.), basilico (ital.)

Botanischer Name: Ocimum basilicum, Ocimum americanum, Ocimum ssp.

Familie: Lamiaceae, Lippenblütengewächse

Synonyme: Königskraut, Heiliges Basilienkraut

Herkunft: Afrika, der Mittlere Osten, Indien und Südostasien; Anbau im Mittelmeergebiet

Die Herkunft zeigt es: Basilikum mag es warm und feucht. Darüber hinaus benötigt es nährstoffreiche Böden.

Pflanze: Die Sortenvielfalt bringt eine Fülle unterschiedlicher Blattformen und -farben mit sich. Nach ungefähr 7 Blattpaaren wird eine endständige Blütenähre getrieben. Die Blütenfarbe reicht von weiß bis tiefpurpurn.

Inhaltsstoffe / Wirkung: Die ätherischen Öle, die Gerbstoffe und Flavonoide wirken als

Rotes Basilikum

Tonikum, helfen bei Verdauungsstörungen, Blähungen und Appetitlosigkeit aber auch gegen Darmparasiten.

Vom Basilikum gibt es ungezählte Arten und Sorten. Dies liegt an den unterschiedlichen Herkünften und der schon jahrhundertelangen züchterischen Bearbeitung. Allein italienisches Basilikum gibt es in unüberschaubarer Fülle. Man könnte behaupten, dass jede Provinz ihre eigene Sorte hat und dass es demzufolge überall in Italien verschieden schmeckende Pestovarianten gibt. Dem Genoveser Basilikum ähnlich ist das französische. Es hat jedoch kleinere Blätter und ist geschmacklich lieblicher.

Es gibt auch Basilikumsorten, die anders gefärbt sind, wie z.B. das berühmte rote Basilikum (auch hiervon wieder eigene Sorten in großer Vielzahl). Darüber hinaus sind unbedingt das Anisbasilikum, das Zitronenbasilikum, das Limonenbasilikum und das Zimtbasilikum zu nennen. Alles Sorten, die genauso schmecken, wie sie heißen.
Dann gibt es da noch das »Wilde« Basilikum. Und wie schmeckt die basilikumierte Wildnis? Nach Piment!

Erntehinweise: siehe Franzosenkraut

Blattkoriander

cilantro, coriander (engl.), coriandre (franz.), coriandolo (ital.), cilantro (span.)

Botanischer Name: Coriandrum sativum

Familie: Apiaceae, Doldenblütengewächse

Synonym: Wanzendill

Herkunft: östliches Mittelmeergebiet, westliches Asien und Nordafrika

Pflanze: einjähriges Kraut, das entfernt glattblättriger Petersilie ähnelt.

In Europa ist der Koriander bislang fast ausschließlich als Körnergewürz bekannt gewesen. Seine Samen spielten in der Brot- und Weihnachtsbäckerei eine gewisse Rolle und sie sind wesentlicher Bestandteil des Currys. Zerkaute Koriandersamen sollen übrigens Knoblauchdüfte reduzieren!

Global gesehen bedeutender aber ist das Kraut. In Asien und in Südamerika ist es ein so wichtiges Würzkraut, dass es das Handelsvolumen der Petersilie weltweit um das Dreifache übertrifft!
Viele Europäer mag das verwundern, denn die meisten reagieren auf dieses Kraut erst einmal ablehnend. Wer jemals aus Versehen (zum Beispiel beim Himbeerernten) eine Blattwanze zwischen den Fingern zerquetscht hat, weiß wie Blattkoriander riecht. Das klingt gemein und das ist es ja auch. Aber man kann sich an dieses Aroma erstaunlich schnell gewöhnen und sogar köstlich finden!

Um ständig frisches Grün zu haben, sät man den Koriander regelmäßig neu aus und erntet das Kraut dann mit der Wurzel, sobald es eine schöne Rosette gebildet hat. Es soll möglichst noch nicht in die Blüte schießen.

Borretsch, Beinwell

Borretsch: borage (engl.), bourrache (franz.), boragine (ital.), borraja (span.)

Beinwell: comfrey (engl.), grande consoude (franz.), consolida maggiore (ital.)

Botanischer Name: Borago officinalis (Borretsch), Symphytum officinale (Beinwell)

Familie: Boraginaceae, Raublattgewächse, Borretschgewächse

Synonyme: Borretsch: Gurkenkraut; Beinwell: Comfrey, Wallwurz, Schmalzwurz

Herkunft: Südeuropa, Kleinasien; Beinwell: Mitteleuropa

Pflanze: Der Borretsch ist einjähriges Kraut mit großen, behaarten Blättern, ca. 60 cm hoch, blaue Blüten. Ganz ähnlich, nur größer und mehrjährig: der Beinwell oder Comfrey.

Botanisch sind Beinwell und Borretsch zwar zwei unterschiedliche Arten, sie gehören aber zur selben Gattung (daher zusammengefasst).

Die große Gruppe der Borretschgewächse ist leider (nach jahrhundertelangem Gebrauch) in Verruf geraten. Wegen einer Stoffgruppe mit dem wunderbaren Namen »Pyrrolizidinalkaloide«. Diese sind erbgutverändernd und krebserregend und die Leber freut sich auch nicht drüber. Das ist bedauerlich, denn der Borretsch enthält auch so gute Dinge wie die wunderbaren Gamma-Linolensäuren. Darum führt der Genuss von Borretsch auch zu einer erhöhten Stresstoleranz und einer verbesserten Leistungsfähigkeit.

Von den Pyrrolizidinalkaloiden soll man nicht mehr als 1 µg pro Tag zu sich nehmen. Aber: Borretsch enthält nur 0,0008 % davon in der Frischmasse – und wer isst schon täglich Borretsch.

Auch der Beinwell ist als Heilpflanze anerkannt, allerdings nur zur äußeren Verwendung. Der Name sagt es schon: Zur besseren Wundheilung, bei Prellungen, Verstauchungen usw.

Borretsch ist im Garten sehr einfach zu ziehen. Im Frühjahr säen, nicht alles ernten, sondern ein paar Pflanzen stehen lassen, damit sie Blüten und später Samen bilden. Diese fallen dann aus und keimen mit Sicherheit im nächsten Jahr wieder. Trotz dieser Vermehrungsfreude wird die Pflanze nie lästig und je früher sie jäten umso besser für Sie, denn die kleinen Pflänzchen schmecken am besten: fast wie Austernwasser!

Brennnessel

stinging nettle (engl.), ortie (franz.), ortica maschio (ital.), ortiga mayor (span.)

Botanischer Name: Urtica dioica

Familie: Urticaceae, Nesselgewächse

Herkunft: Europa und Asien

Pflanze: mehrjährig, bis zu 1,60 m groß, graugrüne Blätter, spitz eiförmig mit gezacktem Rand.

Wohl jeder wird wohl schon die Bekanntschaft mit der Brennnessel gemacht haben. Auf den ersten Blick ist sie nicht gerade schön – höchstens schön gemein. Doch das ist eben nur der erste Blick. Schaut man genauer hin, wird man eine faszinierende Vielfalt der Verwendungsmöglichkeiten für die Brennnessel finden. Sie liefert Farbstoffe und Arznei. Allein das pharmakologische Spektrum ist beeindruckend: Rheuma, Harnwegsentzündungen und Nierengrieß werden mit ihr behandelt. Die Brennnessel wirkt entzündungshemmend, evtl. schmerzstillend (!) und immunstimulierend.

Mittlerweile wird die Nessel wegen ihrer Fasern kommerziell angebaut. Moderne Verfahren auf rein biologischer Basis ergeben eine Nesselfaser, die nichts mehr mit der groben von früher gemein hat. Sie liegt in der Qualität zwischen der von Baumwolle und Seide!
Und natürlich war die Brennnessel schon immer Nahrung für Menschen und Futter für Tiere!

Für die Küche erntet man von der Brennnessel immer nur die jungen Triebspitzen, also bis zum vierten Blattpaar. Wenn man die Nesseln regelmäßig mäht, treiben sie ständig wieder neu und die Blätter bleiben jung.

Bronzefenchel

fennel (engl.), fenouil, couleur bronze (franz.), finocchio (ital.), hinojo (span.)

Botanischer Name: Foeniculum vulgare var. atropurpureum

Familie: Apiaceae, Doldenblütengewächse

Herkunft: Mittelmeergebiet

Pflanze: Fenchel wird bis zu 2 m hoch und ca. 1,5 m breit. Das Laub ist dillähnlich, nur etwas gröber. Bei der ›Atropurpureum‹-Auslese – dem eigentlichen Bronzefenchel – sind die Blätter dunkelbraun-rötlich gefärbt, die normalen Fenchelblätter sind hellgrün.

Blüten: auch hier Dillähnlichkeit, nur größere Dolden und dunklere Färbung. Die Samen werden im Freiland nur bei genügend Zeit für die Reife ausgebildet.

Den Bronzefenchel entdeckte ich in englischen Staudenrabatten. Wegen seiner imposanten Figur und der lichten Erscheinung bildet er dort ein wichtiges gestalterisches Element als Hintergrund vor bunteren Pflanzungen. Mich begeistert, dass die jungen Blätter dieses Fenchels ein schönes warmes Anisaroma haben. Der normale Fenchel ist mir manchmal zu »metallisch«.
Hier ist das Nützliche und das Schöne also in idealer Weise verbunden. Und das Nützliche geht noch weiter. Fenchel ist eine uralte Arzneipflanze, die gegen Blähungen und Erkältungen hilft. Hierfür werden die getrockneten Samen zu Tee oder Sirup verarbeitet.

Die unreifen Samen schmecken sehr delikat – an Tomatensalaten zum Beispiel.

Wer Fenchel im Garten zieht, kann diese Pflanze ein paar Jahre am selben Ort haben. Alt wird sie aber nicht. Schon gar nicht im feuchtkalten Norden. Dort ist es wichtig, die Pflanze erst im Frühjahr zurückzuschneiden. Das sieht den Winter über nicht unbedingt schön aus, aber die Vögel freuen sich an den Samen, die in so großer Menge angesetzt werden, dass man nicht unbedingt alle ernten muss.

Brunnenkresse

watercress (engl.), cresson de fontaine (franz.), crescione d'acqua (ital.), berro di agua, crenchas (span.)

Botanischer Name: Rorippa nasturtium-aquaticum (Nasturtium officinale)

Familie: Brassicaceae, Kreuzblütengewächse

Synonym: Bachkresse

Herkunft: Weltweit in fließendem Gewässer. Leider relativ schwer kultivierbar. In Erfurt gab es das bedeutendste europäische Anbaugebiet im Süden dieser schönen Stadt. Leider ist die Quelle, die die Brunnenkressefelder speiste nicht mehr so ergiebig wie früher, so dass sich die Kulturfläche extrem reduziert hat.

Pflanze: mehrjährig; in sauberem, langsam fließenden, nährstoffreichen Wasser; krautige Pflanze, die über die Wasseroberfläche hinaus ihre Blätter und weißen Blüten treibt.

Die Brunnenkresse wird von den ersten frostfreien Tagen an bis zur Blüte im Mai / Juni geerntet. Man erntet die Triebspitzen etwa bis zum
6. Blatt. Im Mai bildet die Pflanze Samen, die sich gut für die Senfzubereitung eignen. Die zweite Erntesaison ist von Ende September bis in den Winter.

Die Blätter sind sehr Vitamin-C-reich und ihr typisches Zusammenspiel von Senfölglycosiden, Bitterstoffen und ätherischen Ölen ergibt nicht nur einen extrem hohen gesundheitlichen Wert sondern auch ein phantastisches Aroma.

Engelwurz

wild angelica (engl.), angelique sauvage, herbe à la fièvre (franz.), angelica selvatica (ital.)

Botanischer Name: Angelica sylvestris (Waldengelwurz) und Angelica archangelica (Angelika, Arznei-Engelwurz)

Familie: Apiaceae, Doldenblütengewächse

Synonym: Wald-Angelika

Herkunft: Europa, Asien

Pflanze: eine bis zu 2 Meter hohe, zwei- bis vierjährige Pflanze mit großen, gefiederten Blättern. Die Blüten stehen hoch über dem Laub in großen ballförmigen Dolden.

Die Engelwurz besitzt ein einzigartiges Aroma, das man sofort erkennt, sobald man ihre Blätter zwischen den Fingern zerreibt. Früher gab es in Frankreich dieses Aroma als Nascherei in Form von kandierten Blattstielen zu kaufen. Das Kandieren ist recht mühselig und darum gibt es heute die Engelwurz eigentlich nur noch als Bestandteil verschiedenster Magenliköre. Dabei handelt es sich dann aber meist um die Kulturform: Angelica archangelica. Von dieser werden zu diesem Zweck die Wurzelstöcke verwendet.

Ob Sie nun die echte Engelwurz oder die häufiger zu findende Waldengelwurz vor sich haben: es werden nur die jungen Blattstiele geerntet, da ältere sehr faserig sind. Dies ist zweimal im Jahr möglich. Im April / Mai und im September.

Bei der Ernte sollte man etwas vorsichtig sein, weil die Engelwurz phototoxische Substanzen enthält, die in Zusammenhang mit der Sonne Hautreizungen hervorrufen können.

Franzosenkraut

gallant soldier (engl.), galinsoga à petites fleurs (franz.), galinsoga comune (ital.)

Botanischer Name: Galinsoga parviflora (kleinblütiges Franzosenkraut) oder Galinsoga ciliata (behaartes Franzosenkraut)

Familie: Asteraceae, Korbblütengewächse

Synonym: Knopfkraut

Herkunft: Neue Welt; weltweit eingebürgert; Anbau auf gut versorgtem Grabland.

Pflanze: eine einjährige Pflanze, die extrem frostempfindlich ist und folglich erst ab Mai auftaucht. Dann möglicherweise in Massen. Und wer nicht sofort bekämpft (jäten, abflammen, ernten), wird dieses kleine Kraut nie wieder los. Wir persönlich fänden das nicht so tragisch.

Dieses Kraut wird geerntet wie Basilikum: Von der ganzen Pflanze werden die vier obersten Blätter bzw. zwei obersten Blattpaare mit dem Daumennagel abgekniffen. Und zwar gleich so, dass das unterste Paar sofort von den Stielen getrennt wird. So erhält man 2 größere Einzelblätter und ein kleines zusammenhängendes Blattpaar. Diese Methode hat den Vorteil, dass die Pflanze aus den Blattachseln immer neue Triebe schiebt und die Blütenentwicklung unterdrückt wird. Denn die Blüten selbst werden schnell zäh und damit ungenießbar.

Falls Sie die Wahl haben, sollten Sie das kleinblütige Franzosenkraut bevorzugen. Es ist etwas angenehmer auf der Zunge. Die Blätter schmecken recht komplex aber sehr angenehm.

Gewürztagetes

lemon marigold (engl.), tagète (franz.), tagete, garofano d'India (ital.)

Botanischer Name: Tagetes tenuifolia

Familie: Asteraceae, Korbblütengewächse

Synonyme: Studentenblume, Sammetblume

Herkunft: Asien

Pflanze: eine einjährige Pflanze, die mit den herkömmlichen Studentenblumen aus dem Garten oder dem Balkonkasten eng verwandt ist. Sie wird ungefähr kniehoch, blüht überreich bis zum Frost in gelben bis roten Farbtönen. Die Einzelblüte ist kleiner als die Blüten der Zierformen.

Die Tagetes hat mich als Gärtner bisher nur fasziniert, weil sie derartig stinkt, dass sie im kleinen Gewächshaus meines Großvaters sicher alle weißen Fliegen vertrieben hat, die die Gurkenpflanzen sonst immer so stark schädigten. Er pflanzte einfach zwischen 2 Gurkenpflanzen je eine Studentenblume. Irgendwann entdeckten wir dann die Gewürztagetes, die auch extrem stark riecht, aber eben angenehm fruchtig. Eine recht neue Gewürzpflanze, die der Entdeckung harrt.

Daneben gibt es noch die Estragontagetes (Tagetes lucida), die zumindest als junge Pflanze das klassische Estragonaroma besitzt!

Geerntet werden die blühenden Triebspitzen, ein Rückschnitt der Pflanze verhindert zu frühe Samenbildung und fördert dauerhaftes Blühen.

Giersch

ground elder (engl.), égopode (franz.), girardina silvestre (ital.)

Botanischer Name: Aegopodium podagraria

Familie: Apiaceae, Doldenblütengewächse

Synonyme: Geißfuß, Zipperleinskraut, Gichtkraut, Podagrakraut

Herkunft: Europa, Asien

Pflanze: Diese mehrjährige Pflanze wird ca. 35 cm hoch, blüht über dem Laub in weißen Dolden und breitet sich invasiv über Wurzelausläufer aus. Der Giersch wächst oft unter Gehölzen, macht aber auch vor sonnigen Staudenpflanzungen nicht halt. Diese Tatsache und die, dass der Giersch extrem widerstandsfähig gegen alle Bekämpfungsarten ist, sind Gründe, warum der Gärtner nicht gerade in Begeisterungsstürme ausbricht, wenn die Sprache auf dieses Kraut kommt. Um so größer ist das Erstaunen, wenn man einmal Stampfkartoffeln mit grob gehacktem Giersch auftischt (das Kraut erst ganz zum Schluss zugeben, sonst wird es grau). Denn Giersch schmeckt wie eine Mischung aus Petersilie und Karotte. Vorausgesetzt, man erntet junge Blätter. Die sind glänzend, hellgrün und fast noch zusammengefaltet. Ältere Blätter ergeben nur noch ein sehr grobes Gemüse. Darum empfiehlt es sich also, den Giersch regelmäßig abzumähen. So bildet er immer neue junge Blätter und kommt nie in den Samen, was die Ausbreitung zumindest über diesen Weg sicher ausschließt.

Ein weiterer Aspekt ist interessant: Der Giersch wurde früher gegen rheumatische Beschwerden und Gicht eingesetzt. Dieses Phänomen ist leider unerforscht, aber die Namensgebung weist noch darauf hin.

Gundermann

ground ivy (engl.), gléc(h)ome, lierre terrestre (franz.), edera terrestre comune (ital.)

Botanischer Name: Glechoma hederacea

Familie: Lamiaceae, Lippenblütengewächse

Synonyme: Gundelrebe, Gundelkraut

Herkunft: Europa, Asien

Pflanze: Der Gundermann ist eine kleine, mehrjährige Pflanze, die flach auf dem Boden kriechend schnell große Flächen bedeckt. Die Blätter sind nierenförmig, ledrig und haben bis zu 5 cm Durchmesser. Der Gundermann blüht in schönen blau-violetten Blütenständen. Deren Zierwert ist so hoch, dass es inzwischen auch Kulturformen von diesem Wildkraut gibt.

Im Garten hat man den Gundermann meist nicht freiwillig, er wächst im Rasen oder in den Fugen von Pflasterflächen. Er ist dabei längst nicht so lästig wie der Giersch, hat aber immerhin genügend Wuchskraft, um als sogenannter Bodendecker Verwendung zu finden.

Mit seinem harzigen Geschmack gehört er zu den würzigen Wildkräutern, die nur sparsam verwendet werden sollten.
Im Zusammenhang mit Milchprodukten ist er eine echte Delikatesse (Ayran).

Aufgrund seiner Inhaltsstoffe wirkt er blutreinigend und allgemein stoffwechselfördernd.

Die Ernte ist recht aufwendig, weil die Triebe bunt durcheinander wachsen. Entweder man erntet die Triebspitzen oder mit einem kleinen Messer sichelartig die einzelnen Blätter.

Kapuzinerkresse

nasturtium (engl.), grande capucine (franz.), nasturzio comune (ital.), capuchina (span.)

Botanischer Name: Tropaeolum majus

Familie: Tropaeolaceae, Kapuzinerkressegewächse

Synonyme: Blumenkresse, Kapernblume

Herkunft: Südamerika

Pflanze: es gibt von dieser beliebten, einjährigen Gartenpflanze rankende und niedrig wachsende Formen. Es gibt Sorten, die gefüllt blühen und welche die nicht gefüllt blühen. Die Blätter sind nahezu kreisrund, der Blattstiel setzt etwas exzentrisch an und die großen Blüten strahlen eine schöne Exotik aus. Die Farbpalette reicht von Gelb über Orange bis hin zum dunklen Rot.

Die Kapuzinerkresse ist aus mehreren Gründen

allgegenwärtig. Neben einem hohen Zierwert versprüht sie viel Charme an alten Holzzäunen, auf dem Boden rankend oder am Stamm alter Obstbäume. Dort erfüllt sie gleich noch einen Zweck: Sie zieht magisch Blattläuse an. Diese werden somit vom Obstbaum weg auf die Kresse gelockt. Nur leider verlaust dann die Kresse... Denn die Läuse lenken den Gärtner möglicherweise vom hohen gesundheitlichen Wert der Kapuzinerkresse ab. Blätter und Blüten enthalten hohe Konzentrationen von Vitamin-C und Inhaltsstoffe, die bei Pilzerkrankungen helfen.

In der Küche wird meist die Blüte als essbare Dekoration eingesetzt. Aber Vorsicht: Diese schöne Blüte schmeckt nach Kresse, was im Zusammenhang mit Desserts möglicherweise ein Problem bedeutet. Auch die Blätter kommen in der Küche zum Einsatz und selbst die unreifen Samen und Blütenknospen finden hier Verwendung.

Kleiner Wiesenknopf, Pimpinelle

minor salad burnet (engl.), petite pimprenelle (franz.), salvastella minore (ital.), pimpinella sanguisorba (span.)

Botanischer Name: Sanguisorba minor

Familie: Rosaceae; Rosengewächse

Synonym: Bibernell

Herkunft: Europa, Asien

Pflanze: eine bis zu 20 cm hoch werdende mehrjährige Pflanze, deren Blütenknäuel an Knöpfe erinnern. Landläufig wird der Wiesenknopf »Pimpinelle« genannt, was einige Verwirrung hervorruft, weil der Botaniker unter Pimpinelle eine ganze Pflanzengattung versteht, deren wichtigster Vertreter wahrscheinlich Pimpinella anisum ist. Dies ist der Anis und hat botanisch mit dem Wiesenknopf nur gemein, dass beide grüne Blätter haben, unten die Wurzeln und oben die Blüten. Und zu allem Überfluss gibt es da noch die Bibernell! Ein Name, der gleichzeitig für den Großen Wiesenknopf (Sanguisorba officinalis) und die Große Bibernelle (Pimpinella major) steht.

Und doch gibt es für alle sozusagen eine übergeordnete Gemeinsamkeit: All diese Kräuter sind Heilpflanzen, der Anis und der Kleine Wiesenknopf sind Würzpflanzen, allerdings mit jeweils ganz eigenem Aroma. Während der Geschmack von Anis allgemein bekannt ist, überrascht der kleine Wiesenknopf mit einer Mischung aus Salatgurke und Walnuss.

Ernten Sie nur die jungen Blätter aus der Mitte, ältere sind sehr zäh. Irgendwann gibt es einen Wettlauf mit der Blütenbildung. Diese macht die Ernte mühsam. Im Zweifelsfalle lieber mehrfach neu aussäen.

Malve

Malva moschata: musk mallow (engl.), mauve musquée (franz.), malva moscata (ital.)

Malva sylvestris: common mallow (engl.), grande mauve (franz.), malva selvatica (ital.)

Malva alcea: large-flowered mallow (engl.), mauve alcée (franz.), malva alcea (ital.)

Botanischer Name: Malva moschata (Moschusmalve), Malva sylvestris (Wilde Malve) oder Malva alcea (Sigmarswurz, Rosen-Malve)

Familie: Malvaceae, Malvengewächse

Synonyme: Käsepappel, Rosspappel

Herkunft: Europa, Asien, Amerika, Afrika

Pflanze: ein- und mehrjährige Pflanzen, die zwischen 60 und 150 cm hoch werden. Die Blätter sind mehr oder weniger gelappt und nahezu kreisrund. Malven blühen meist rosa, es gibt aber auch weiße und dunkelviolette Formen.

Die Moschusmalve ist uns von allen Malven am liebsten. Ihre stark gelappten Blätter sind äußerst dekorativ. Auch geschmacklich übertreffen sie alle anderen Malvenarten, wobei keine Art einen so richtig intensiven Eigengeschmack vorweisen kann. Alle sind sehr mild, was im Zweifelsfalle kein Nachteil ist, denn im Wildkräutersalat mildert dies den Geschmack der kräftig schmeckenden Arten etwas.

Malven zählen zu den uralten Heilpflanzen, weil sie mit ihrem hohen Gehalt an Schleimstoffen reizlindernd wirken.

Die dunkel blühenden Arten liefern schöne rötliche Farbstoffe. Dies haben sie gemein mit der eng verwandten Stockrose (Althea rosea), welche genau zu diesem Zweck professionell angebaut wird.

Geerntet wird mit der Hand, einfach die Blätter abzupfen. Die Pflanzen öfter zurückschneiden, weil der Malvenrost sonst unschöne Flecken auf den Blättern hinterlässt.

Melde, Gänsefuß

Atriplex hortensis: orache (engl.), arroche des jardins (franz.), atriplice degli orti (ital.)

Chenopodium album: fat hen (engl.), chénopode blanc (franz.), farinello comune (ital.)

Botanischer Name: Melde: Atriplex hortensis; Gänsefuß: Chenopodium album

Familie: Chenopodiaceae; Gänsefußgewächse

Herkunft: weltweit

Pflanze: die Melden und Gänsefüße sind so eng verwandt, dass sie pauschal als »Melde« bezeichnet werden. Für Botaniker ist eine Unterscheidung wichtig, für kulinarisch Interessierte ist dies eher weniger erheblich. Es handelt sich ganz überwiegend um einjährige Arten, die als Unkraut auf umgebrochenem Land auftreten (Ruderalflora) und zwischen 20 und 100 cm hoch werden. Es gibt auch den sogenannten Baumspinat (Chenopodium giganteum), der über 2 m hoch werden kann. Wir nennen den Baumspinat »Magentamelde« (siehe Bild), weil die jungen Blätter phantastisch magentafarben schillern. Ein echter Blickfang auf jedem Teller.

Mit der Gartenmelde (Atriplex hortensis) haben wir ein uraltes Gemüse vor uns, welches als Vorgänger des Spinats betrachtet werden kann (auch der Spinat kommt aus der großen Gruppe der Gänsefußgewächse). Und die meisten Melden und Gänsefußgewächse werden in der Küche genauso verwendet wie der Spinat.

Es gibt aber auch große Ausnahmen in dieser Pflanzenfamilie: Die Epazote (Chenopodium ambrosioides) zum Beispiel. Diese Pflanze stammt aus Mexiko. Eingesetzt wird sie dort gegen Darmparasiten und als Tonikum bei Verdauungsproblemen. Praktisch ist dabei, dass die Epazote gleich als Würzkraut für fette Fleischgerichte und Hülsenfrüchte benutzt wird. Dass die Epazote tatsächlich delikat schmeckt, davon mussten wir uns erst überzeugen lassen. Möbelpolitur, Schuhputzmittel, Maschinenöl, das sind die Assoziationen, die immer wieder genannt werden, wenn an dem rohen Kraut gerochen wird. Wird es aber erhitzt, wandelt sich das Aroma wunderbarerweise zu einer Mischung aus Thymian und Zitrusschale!

Melisse

Zitronenmelisse: balm (engl.), mélisse (franz.), melissa, cedronella (ital.), melissa (span.)

Goldmelisse: monard, bergamot, Oswego tea, bee balm (engl.), bergamote, thé d'Oswego (franz.), bergamotto, monarda (ital.), bergamota (span.)

Botanischer Name: Zitronenmelisse: Melissa officinalis; Weiße Melisse: Nepeta cataria var. citriodora; Zitronenkatzenminze: Nepeta citriodora; Goldmelisse: Monarda didyma; Moldavische Melisse: Dracocephalum moldavicum

Familie: Lamiaceae, Lippenblütengewächse

Herkunft: Mittelmeergebiet, Kleinasien

Pflanze: überwiegend mehrjährige Pflanzen, mit zum Teil sehr hohem Zierwert. Die Monarden und die Katzenminzen sind zum Teil schon lange Bestandteil der Ziergärten.

An der Zahl der aufgeführten Melissearten erkennt man, dass es eine große Vielfalt unterschiedlichster Kräuter gibt, die alle etwas »Melissiges« haben. Aber so unterschiedlich wie die Optik, so verschieden ist auch der Geschmack im Detail: Während die wohlbekannte Zitronenmelisse im Vergleich eher etwas Metallisches hat, geht die Zitronenkatzenminze in Richtung Verveine – dem bekannten, aber bei uns leider nicht winterharten Zitroneneisenkraut. Die einjährige Moldavische Melisse schmeckt etwas erdig und die Goldmelisse weist Bergamottetöne auf. Ein weites Feld also.

Es werden immer die Triebspitzen geerntet, die ruhig blühen dürfen.

Minze

Mentha x piperita: peppermint (engl.), menthe poivrée (franz.), menta piperina (ital.), la menta (span.)

Mentha spicata: spear mint (engl.),

menthe en grappe, menthe douce (franz.), menta romana, menta ricciuta (ital.)

Mentha suaveolens: round-leaved mint (engl.), menthe suave (franz.), menta a foglie rotonde (ital.)

Botanischer Name: Pfefferminze: Mentha x piperita; Krauseminze: Mentha spicata; Rundblättrige, Grüne Minze: Mentha suaveolens; Apfelminze: Mentha suaveolens x Mentha rotundifolia

Familie: Lamiaceae, Lippenblütengewächse

Herkunft: weltweit; wobei die meisten Arten, Unterarten und Sorten züchterischen Ursprungs sind, und daher so in der Natur nicht vorkommen.

Pflanze: Die Vielfalt der Melissen wird von der der Minzen nochmals übertroffen. Alle echten Minzen haben eigentlich nur gemein, dass diese mehrjährigen Kräuter einen beachtlichen Ausbreitungsdrang haben. Ihre Vielfalt ist riesig: es gibt Arten, die nur knöchelhoch werden und andere, die deutlich übers Knie reichen. Die Blätter sind rund oder lang, glattrandig oder kraus, grün, rötlich oder weiß-grün panaschiert und manche besitzen auch Haare. Genauso variantenreich sind die Blütenstände, die aber immer im weiß-rötlich-violetten Spektrum bleiben. Gelbe oder orangefarbene Minzeblüten sind mir noch nicht begegnet!

Wer nur einen kleinen Garten sein Eigen nennt, oder aber nicht regelmäßig gegen den Ausbreitungsdrang ankämpfen möchte, für den gibt es auch andere Kräuter, die das Original-Pfefferminz-Aroma haben, obwohl sie botanisch gar keine Minzen sind: Schauen Sie sich um in der Gruppe der Agastachen (Agastacha rugosa) oder beim Steinquendel (Calamintha grandiflora und Calamintha nepeta). All diese Pflanzen haben das klassische Minzaroma aber keinen Ausbreitungsdrang. Und zumindest bei der Agastache haben Sie noch einen sehr hohen Zierwert.

Kollege Gaissmayer aus Illertissen hat ein derart großes Minzensortiment im Angebot seiner grandiosen Gärtnerei, dass er ein eigenes Büchlein darüber geschrieben hat (Adresse im Anhang). Um neugierig zu manchen seien hier nur ein paar Namen erwähnt: Schokominze, Orangenminze, Ananasminze, die Marokkanische Minze, die Grüne Minze, Zitronenminze, Ingwerminze usw.
Die Aromenvielfalt beruht unter anderem auf den unterschiedlichen Anteilen von Menthol und den verschiedenen ätherischen Ölen.

Kurz vor der Blüte ganze Triebspitzen ernten.

Puffbohne

horsebean (engl.), féve (franz.), fava (ital.), haba (span.)

Botanischer Name: Vicia faba

Familie: Fabaceae, Schmetterlingsblütengewächse

Synonyme: Saubohne, Ackerbohne, Dicke Bohne, Pferdebohne

Herkunft: kleinsamige Sorten: Zentral- und Südwestasien, großsamige Sorten: Nordafrika

Pflanze: diese einjährige Pflanze wird vom Menschen schon so lange genutzt, dass die züchterischen Stammeltern nicht bekannt sind. Sie wird über einen Meter hoch und verträgt im Gegensatz zu den mittlerweile verbreiteteren Gartenbohnen (Phaseolus) auch ein paar Grade Frost. Sie kann darum schon früh im Jahr gesät werden. Aus gärtnerischer Sicht ist die Bohne interessant, weil sie zur Gruppe der Schmetterlingsblütler gehört. Pflanzen dieser Familie sammeln im Zusammenspiel mit Bakterien an ihren Wurzeln den Stickstoff aus der Luft und verwandeln ihn in eine pflanzenverwertbare Form. Diese Eigenschaft ist extrem wichtig für die Gärtner, die ihren Garten biologisch bewirtschaften. Sie stellt eine hochattraktive Form der Gründüngung dar, ohne die die Gartenböden nach und nach verarmen würden. Nun gibt es viele Gründüngungspflanzen, aber die Bohnen (und Erbsen) sind obendrein auch noch Nutzpflanzen.

Auf einem Spaziergang durch eine biologisch bewirtschaftete Orangenfarm im spanischen Winter haben wir uns durch die dortige Flora »degustiert«. Dabei mussten auch ein paar Blätter der Puffbohne herhalten, der Effekt war überraschend: Ein toller Geschmack nach junger Erbse. Die Vicia-Arten haben nicht das Gift Phasein der Gartenbohne in sich, (dieses Gift wird erst durch das Garen unschädlich, darum dürfen grüne Gartenbohnen nicht roh gegessen werden). Wir dachten eine roh essbare Bohnenart gefunden zu haben, doch mussten wir lernen, dass 4 % der Bevölkerung unter einer Allergie gegenüber der Puffbohne leiden ... Also aufgepasst beim Probieren!

Radieschenschoten

Botanischer Name: Raphanus sativus

Familie: Brassicaceae, Kreuzblütengewächse

Synonyme: Monatsrettich, Radies

Herkunft: unbekannt; aber schon die Werkskantinen der ägyptischen Pyramidenbauer hatten Raphanus-Arten im Angebot.

Pflanze: einjährige Pflanzengruppe, die wegen der langen züchterischen Bearbeitung sehr formenreich geworden ist. Radieschen, Sommerrettiche, Winterrettiche in unüberschaubarer Farb- und Formenvielfalt.

Der gesundheitliche Wert ist enorm. Wie der Bau der Pyramiden belegt, verhelfen Rettiche zu Höchstleistungen. Das liegt an den scharfen Senfölen, dem reichlich vorkommenden Vitamin-C und den vielen Mineralstoffen. Nun isst man heutzutage nicht pausenlos Radieschen und neigt als im tiefsten Inneren fauler aber neugieriger Gärtner gerne dazu, mal Pflanzen stehen zu lassen, die eigentlich schon längst hätten geerntet werden müssen. Beim Radieschen sieht man dann schnell eine große Zahl schöner rosa Blüten, die sich nach und nach zu Samenschoten entwickeln. Wenn man es nicht auf den eigentlichen Samen absieht, ist man gut beraten, nun nicht mehr allzu lange zu warten. Denn diese Schoten sollten geerntet werden! Und zwar, wenn sie noch nicht faserig sind. Dann hat man eine schöne Knabberei und ein interessantes Gemüse vor sich.

Rauke

Eruca sativa: salad rocket (engl.), roquette cultivée (franz.), ruchettá, rucola, rughetta (ital.), oruga (span.)

Diplotaxis tenuifolia: wall rocket, wild arugula (engl.), herbe aux chantres (franz.)

Botanischer Name: Diplotaxis tenuifolia (Wegrauke), Eruca sativa (Rucola, Salatrauke)

Familie: Brassicaceae, Kreuzblütengewächse

Synonyme: Ölrauke, Ruke

Herkunft: Mittelmeergebiet, Teile Westasiens

Pflanze: die Salatrauke ist einjährig und hat weiße Blüten mit braunen Streifen. Die Wegrauke ist mehrjährig und besitzt gelbe Blüten. Die Blätter der ersteren sind rundlicher und größer als die der wilden Rauke. Und wie es sich für wilde Sachen gehört, ist diese auch schärfer als die kultiviertere Salatrauke. Im Garten fühlen sich die Rauken vor allem im Frühjahr und ab dem Spätsommer am wohlsten. Bei zu großer Hitze und zu wenig Wasser treiben die Rauken schnell ihre Blüten und die Blätter werden zäh.

Ringelblume

pot marigold, calendula (engl.), souci des jardins (franz.), fiorrancio coltivato, calendola (ital.), caléndula (span.)

Botanischer Name: Calendula officinalis

Familie: Asteraceae, Korbblütengewächse

Herkunft: Europa

Pflanze: die Gartenform der einjährigen Ringelblume ist allgemein bekannt. Die Blüten sind löwenzahnähnlich und gelb bis dunkelorange, die Blätter sind länglich-oval. Die ganze Pflanze strotzt nur so vor ätherischen Ölen. Darum ist sie extrem klebrig. Die Wildform ist äußerlich proportional kleiner, aber wohl noch reicher an Inhaltsstoffen. Diese wirken allgemein entzündungshemmend und krampflösend.

Besonders die dunklen Blüten besitzen auch getrocknet eine schöne Färbung und sehen entfernt den teuren Safranfäden ähnlich. Eine Tatsache, die früher von schlitzohrigen Gewürzhändlern ausgenutzt wurde ...

Rosmarin

rosemary (engl.), romarin (franz.), rosmarino (ital.), roméro (span.)

Botanischer Name: Rosmarinus officinalis

Familie: Lamiaceae, Lippenblütengewächse

Herkunft: Mittelmeergebiet

Pflanze: dieses immergrüne Gehölz kann ohne Probleme bis zu 150 cm hoch werden. Es besitzt nadelartige Blätter und blass-violette Blüten. In

Deutschland gibt es Auslesen, die als winterhart verkauft werden. Wir haben dies für einige so angepriesene Sorten im rauen Nordosten getestet. Mit niederschmetternden Ergebnissen. Hier ist der Frost gar nicht so sehr das Problem, sondern der feuchte, kühle Wind. Andererseits kenne ich normale »Baumarkt-Exemplare«, die in Düsseldorf ungeschützt schon viele Winter überlebt haben und dort bereits im Februar wunderbar blühen. Auf jeden Fall ist das Testen verschiedener Sorten sinnvoll, denn abgesehen von der Winterhärte unterscheiden sich die Züchtungen hinsichtlich der Blütenfarbe und der Wuchsformen, was im Ziergarten wichtig ist. Vor allem aber gibt es große Unterschiede im Aroma. Dieses wird jedoch auch sehr stark von den konkreten Standortbedingungen beeinflusst.

Verwenden Sie möglichst nur frisch geernteten Rosmarin. Wenn Sie aber doch welchen trocknen wollen, dann kann ich Ihnen nur empfehlen, die Blätter (Nadeln) möglichst ganz zu lassen. Gerebelter Rosmarin taugt nicht viel. Denn an jeder Bruchstelle ist das würzende ätherische Öl der Luft ausgesetzt und wird dort schnell ranzig.

Salbei

sage (engl.), sauge officinale (franz.), salvia domestica (ital.), salvia officinal (span.)

Botanischer Name: Salvia officinalis

Familie: Lamiaceae, Lippenblütengewächse

Herkunft: Mittelmeergebiet, östl. Europa

Pflanze: wie beim Rosmarin, so haben wir auch beim Salbei eine verholzende, mehrjährige Pflanze vor uns, die allerdings nur 60 cm hoch wird. Die Blätter sind bis zu 8 cm lang und 3 cm breit. Sie sind gräulich behaart und die Blüten sind im Allgemeinen violett. Natürlich gibt es auch hier, wie so oft in der Familie der Lippenblütler, eine große Formen- und Farbenvielfalt. Die Blätter können sich sowohl violett färben als auch gelblich panaschiert oder in der Tricolor-Variante gleichzeitig grün, gelb und violett sein. Es gibt weiß und rosa blühende Formen und das betrifft nur die Salvia-officinalis-Sorten. Die Fülle wird noch größer, wenn wir uns der gesamten Gattung Salvia zuwenden. Hier finden wir den riesigen, zweijährigen Muskatellersalbei, und den Ananassalbei, den Zitronensalbei und sogar einen Honigmelonensalbei. Und damit sind wir noch lange nicht am Ende!

Dass der Salbei eines der wichtigsten Heilkräuter ist, muss eigentlich nicht erwähnt werden, denn seine verdauungsfördernden, entzündungshemmenden und antiseptischen Eigenschaften sind wohlbekannt. Die Römer z.B. aßen Salbei, um ihre üppigen Speisen verdauen zu können. Als Küchengewürz ist er eigentlich gut eingeführt, aber trotzdem als solches regional teilweise unbekannt.

Sauerampfer

sorrel (engl.), oseille (franz.), romice acetosa (ital.), acedera (span.)

Botanischer Name: Rumex acetosa

Familie: Polygonaceae, Knöterichgewächse

Herkunft: Europa, Asien

Pflanze: zu den klassischen Frühlingskräutern zählt der mehrjährige Sauerampfer. Er kommt auf Wiesen mit ausreichender Wasserversorgung überall vor und hat in der wilden Form längliche, pfeilspitzenähnliche Blätter mit gehöriger Säure. Je weiter das Frühjahr voranschreitet, um so mehr geht der Sauerampfer in die Blüte. Dann wird die Ernte langwierig. Zum Glück mögen die Kanadier den Ampfer offensichtlich so sehr, dass sie ihm das Blühen abgewöhnt haben. Dieser Zuchterfolg heißt ›Profusion‹ und blüht tatsächlich nie. Er lässt sich nur durch Teilung vermehren, was leicht gelingt. Und so kann man fast das ganze Jahr über in großen Mengen Sauerampfer ernten, eben weil er nicht blüht, sehr schnellwüchsig ist und die Blätter mindestens doppelt so groß sind wie die der Wildform. Und dies ohne irgend einen Abstrich am Geschmack!

Unbedingt erwähnt (und gepflanzt) werden sollte auch der Schildblättrige Ampfer oder Römische Ampfer (Rumex scutatus). Dessen Säure ist noch edler als die des Sauerampfers. Leider sind die Blätter aber deutlich kleiner und er blüht – wie es sich für einen wilden Ampfer gehört – den ganzen Sommer über. Auch häufiger Rückschnitt hilft da nur wenig.

Zu den Heilpflanzen kann man die Ampferarten leider nicht zählen, da diese Arten große Mengen an Oxalsäure und Oxalaten enthalten. Aber wir reden hier ja auch von keinem Hauptnahrungsmittel!

Sauerklee

shamrock, white woodsorrel (engl.), petite oseille, oxadile blanche (franz.), acetosella dei boschi (ital.), oxadile blanca (span.)

Botanischer Name: Oxalis acetosella

Familie: Oxalidaceae, Sauerkleegewächse

Herkunft: Europa

Pflanze: mitten im tiefsten Wald wächst der Wald-Sauerklee. Oft bedeckt er allein größere Flächen des humosen Waldbodens mit seinem zarten Laub. Dieses sieht aus wie das vom Glücksklee, nur das der Wald-Sauerklee niemals vier sondern immer nur drei Blätter besitzt. Im Mai treibt er schöne weiße Blüten hervor und dann bemerkt man auch, dass dieser Klee im Gegensatz zu »echten« Kleearten nicht aus der Lippenblütlerfamilie stammt. Die Sauerkleeblüten sind im Verhältnis zum Blatt recht groß und wirken in ihrer Einfachheit sehr ästhetisch. Dass der Wald-Sauerklee meist allein wächst, liegt nicht etwa daran dass er ein unsoziales Wesen hätte. Er scheidet keine Stoffe aus, die andere Pflanzen nicht mögen. Er hat nur im Vergleich zu anderen Pflanzen die Eigenart, mit sehr wenig Licht zurechtkommen zu können. Andere Pflanzen benötigen mehr davon und da, wo sie es bekommen, sind sie so konkurrenzstark, dass sie den Sauerklee verdrängen.

Nun erfreut uns dieses Pflänzchen nicht nur mit großer Bescheidenheit, sondern auch mit einer sehr feinen Säure. Deshalb nehmen wir uns in der Zeit von Mai bis Ende September öfter ein Messer und sicheln uns ein paar Quadratmeter Sauerklee ab. Achten Sie unbedingt darauf, dieselbe Stelle nicht mehrmals im Jahr zu beernten. Der Bestand würde sonst sehr geschwächt.

Schafgarbe

yarrow, milfoil, woundwort (engl.), millefeuille, achilée (franz.), achillea millefoglio (ital.), milenrama, ciento-enrama, milhojas (span.)

Botanischer Name: Achillea millefolium

Familie: Asteraceae, Korbblütengewächse

Synonym: Tausendblatt

Herkunft: Eurasien

Pflanze: diese mehrjährige Pflanzenart besitzt neben den Wildformen zahlreiche Ziersorten. In den letzten Jahren haben die Züchter der Schafgarbe eine riesige Fülle unterschiedlichster Blütenfarben abgerungen. Wenn man die Wildform kennt, sind die Ergebnisse nahezu unglaublich. Die ganze Palette von Weiß über Gelb, Orange, Rot bis zu Violett ist vertreten. Und so bildet die Schafgarbe auf den Blumenbeeten durch ihren kriechenden Wuchs dichte Teppiche, über denen im Sommer die farbigen doldenartigen Blütenstände erscheinen.

Leider zählt dieser Flor nicht gerade zur der Gruppe der essbaren Blüten. Denn die sind so zäh, dass man davon höchstens einen Aromaauszug bereiten kann. Ob das sinnvoll ist, hängt vom Zweck ab. Denn Schafgarbe ist bittere Medizin (entzündungshemmend, harntreibend, fiebersenkend). Zum Verzehr besser geeignet sind die gewimperten Blätter. Sie sollten jung geerntet werden, denn ältere sind sehr faserig. Geschmacklich zählt die Schafgarbe zu den herben, harzigen Kräutern mit einem gehörigen Gehalt an Bitterstoffen, die sehr appetitanregend wirken. In der Küche kein einfaches Kraut, aber ein sehr interessantes.

Nicht minder interessant sind die Verwandten der Schafgarbe: Die Sumpfschafgarbe (Achillea ptarmica) – auch Bertramskraut genannt, und das Muskatkraut (Achillea decolorans). Beide Arten kommen an feuchten Standorten vor, haben wesentlich zartere Blätter, sind aber trotzdem weniger Salat- als vielmehr Würzkräuter. Letzteres schmeckt nach Muskatnuss während sich das Aroma der Sumpfschafgarbe nicht so eindeutig zuordnen lässt. Sie hinterlässt an den Zungenrändern ein eigenartiges Kribbeln, das ich so bisher nur von einer einzigen anderen Pflanze kenne: der Parakresse (Spilanthes oleracea).

Diese »Kresse« kommt nur in den Tropen vor und ist bekannt für ihre die Abwehrkräfte steigernde Wirkung.

Scharbockskraut

Botanischer Name: Ranunculus ficaria

Familie: Ranunculaceae, Hahnenfußgewächse

Herkunft: Europa; im Schatten unter Bäumen

Pflanze: kleine dunkelgrüne, fleischige und runde bis herzförmige Blätter, die etwas scharf sind.

Erstes Grün im Jahr: schon im Dezember erwacht das Scharbockskraut nach langem Sommerschlaf zum Leben. Zu ernten ab Anfang Februar bis zur Blüte. Mit der Blüte setzt eine Zunahme der Glycoside ein. Die Pflanze kann dann leicht giftig sein. Wie auch immer: Wenn das Scharbockskraut erst einmal blüht, gibt es sowieso schon soviel anderes Grün, dass man es getrost aus dem Speiseplan streichen kann. Nur sein frühes Grün ist hochgeschätzt, zumal sich der Name Scharbockskraut von Skorbut ableiten soll, da das Kraut mit seinem hohen Vitamin-C-Gehalt genau gegen diese Krankheit half.

Man erntet sensenartig: kleine Büschel mit dem Messer, wenn der Bestand frei von anderen Kräutern ist. Sonst wird die Reinigung des Krautes noch aufwendiger als die Ernte.

Senf

Sinapis alba: white mustard (engl.), moutarde blanche (franz.), senape bianca (ital.), mostaza silvestre (span.)

Brassica nigra: black mustard (engl.), moutarde noire (franz.), senapa nera (ital.) mostaza negra (span.)

Juncea crispifolia: curled mustard (engl.)

Botanischer Name: Brassica nigra (Schwarzer Senf), Juncea crispifolia (Chinesischer Senf), Sinapis alba (Weißer Senf)

Familie: Brassicaceae, Kreuzblütengewächse

Synonyme: Gelbsenf, Weißer Senf

Herkunft: Europa, Asien

Pflanze: unter Senf versteht man in Deutschland jene farblich schwer zuzuordnende Paste, die aus den gemahlenen Samen der Pflanzenarten Sinapis alba oder Brassica nigra (Schwarzer

Senf), vermischt mit Essig, Salz und anderen Gewürzen, gewonnen wird. Im Gartenbau gibt es einen Gründünger namens Gelbsenf, der in Wirklichkeit nichts anderes ist als der Weiße Senf. Vielleicht wird er so unterschiedlich benannt, weil der Samen eher weiß, die Blüten aber sehr gelb sind.

Im asiatischen Raum wird mit den Senfarten ganz anders umgegangen als in Europa. Hier haben wir echte Salatkräuter und Gemüsearten vor uns. Aber auch die europäischen Senfarten sind grün verwendbar. Alle – egal woher – haben eine ordentliche Schärfe, was an den Senfölglycosiden liegt. Diese machen den Senf gesund, denn sie wirken antibakteriell.

Andererseits lässt sich die genannte Paste auch aus dem Saatgut anderer Pflanzenarten herstellen. Um nur zwei zu nennen: Brunnenkresse und Ackerhellerkraut.

Spitzwegerich

ribwort plantain (engl.), plantain lancéole (franz.), plantaggine lanciuola (ital.), llantén menor (span.)

Botanischer Name: Plantago lanceolata

Familie: Plantaginaceae, Wegerichgewächse

Herkunft: Europa, Asien

Pflanze: mehrjährig, längliche bis zu 45 cm lange Blätter, in Rosetten wachsend.

Der Spitzwegerich ist sicher kein Kraut, welches zu kulinarischen Höhenflügen anregt, wenn man es zum ersten Mal kostet. Es gibt prägnantere bzw. feinere Aromen im Garten. Aber vielleicht macht es ja gerade das spannend.

Als Heilpflanze ist der Spitzwegerich schon lange bekannt und inzwischen wird er in größerem Umfang angebaut. Denn er ist ein auch offiziell anerkanntes Arzneimittel bei Erkältungen und hilft innerlich wie äußerlich bei Entzündungen.

Für die Verwendung in Speisen ist Spitzwegerich aus Kultur deutlich angenehmer als aus der Natur. Das liegt daran, dass er im Garten mehr verwöhnt wird und so zarter bleibt. Die Fasern der jungen Blätter sind dann nicht zäh.

Süßdolde

sweet cicely (engl.), myrrhis odorant, cerfeuil musqué (franz.), mirride delle alpi, mirride odorosa (ital.)

Botanischer Name: Myrrhis odorata

Familie: Apiaceae, Doldenblütengewächse

Synonyme: Myrrhenkerbel, Englischer bzw. Spanischer Kerbel

Herkunft: maritimes Mitteleuropa

Pflanze: farnartiges Laub mit deutlicher Behaarung; bis zu 40 cm hoch, die weißen Blütendolden stehen über dem Laub; mehrjährig.

Es gibt in Europa wohl kaum eine Pflanze, die so süß schmeckt. Wer Anisbonbons mag, sollte sich dieses Kraut schnellstens besorgen. Ein Platz im Garten findet sich immer, denn die Süßdolde sieht nett aus, ist äußerst pflegeleicht und verträgt Sonne wie Schatten, solange sie nicht in ärmsten Sandboden gepflanzt wird. Kaufen Sie sich kein Saatgut, denn das keimt nicht besonders gut. Haben Sie dennoch welches, dann sollten Sie es schon im Herbst aussäen und sich den Platz gut merken. Im Frühjahr müssen Sie dann auf zwei kleine schmale Keimblätter achten, damit Sie sie nicht versehentlich jäten. Besser, Sie kaufen Jungpflanzen.

Von der Süßdolde können Sie die Blätter und die Blüten verwenden. Beide sind lecker und ergeben auf dem Teller ein sehr schönes, schmückendes Beiwerk. Das meiste Aroma steckt aber in den unreifen Samen. Hier müssen Sie etwas Erfahrung sammeln, denn das Samenkorn wird recht groß. Und zu klein sollten Sie es nicht ernten. Wird es aber zu alt, dann wird es sehr schnell extrem faserig. Also: regelmäßig naschen!

Taubnessel

white dead-nettle (engl.), lamier blanc (franz.), falsa-ortica bianca (ital.), ortiga blanca, ortiga muerta (span.)

Botanischer Name: Lamium album

Familie: Lamiaceae, Lippenblütengewächse

Herkunft: Europa und Asien

Pflanze: mehrjährig, bis zu 50 cm hoch, mit brennnesselähnlichen Blättern. Jedoch ist der Stiel viereckig und die Blüten sind weiß.

Als Kind hat wohl jeder schon einmal die weißen Blüten ausgezupft, um an den süßen Nektar im Inneren zu kommen. Ein auf Dauer mühseliges Unterfangen, für das wir dankenswerter Weise die Bienen haben. Die freuen sich über diese Blüten, weil sie schon im zeitigen Frühjahr und im späten Herbst blühen. Zu einer Zeit also, wo Bienen keine reiche Auswahl haben.

Wer vom Geschmack der Blüten auf den der Blätter schließt, liegt vollkommen falsch. Oder haben Sie schon mal Champignons gegessen, die nach Nektar schmecken? Denn Taubnesselblätter schmecken wie Pilze! Ob Pilze aber wie die Taubnessel schleimlösend, verdauungsfördernd und blutreinigend wirken?

Geerntet werden die oberen Triebspitzen, ob blühend oder nicht, ist egal.

Thymian

thyme (engl.), thym (franz.), timo maggiore (ital.), tomillo (span.)

Botanischer Name: Thymus vulgaris

Familie: Lamiaceae, Lippenblütengewächse

Synonym: Römischer Quendel

Herkunft: Europa, Nordafrika, Westasien

Pflanze: kleine, verholzende, mehrjährige Pflanzen mit meist kleinen graugrünen Blättern und rosa Blüten.

Die Familie der Lippenblütengewächse ist für Würzkräuterfreunde wie Gartenfans eine reiche Fundgrube. Denken Sie nur an die Vielfalt der Minz-, Salbei- und Basilikumsorten. Diese Vielfalt erreichen wir auch beim Thymian. Der Gartenthymian wird üblicherweise zusammen mit fettem Fleisch gegart oder aber als Heilmittel genutzt. Schon von ihm gibt es etliche Sorten mit unterschiedlichem Wuchs und

Aroma. Wenn Sie sich aber in der Gattung Thymus weiter umschauen, werden Sie überrascht sein! Den Zitronenthymian kennt manch einer noch. Auch von diesem gibt es reichlich Varianten: mit grünem Laub, gelbgrün oder weißgrün panaschierte Sorten oder solche mit einheitlich goldgrünem Laub. Darüber hinaus finden Sie aber noch Kümmelthymian, Orangen- und Oreganothymian, um nur bei den sicher winterharten Thymianarten zu bleiben. Auch der in Deutschland einheimische Sand- und Wiesenthymian oder auch Quendel (Thymus serpyllum) variiert derart stark, dass man nicht von einem klassischen Quendelaroma sprechen kann. Wir selbst haben im vorpommerschen Trebeltal ein Vorkommen gefunden, das eindeutig nach Zitrone schmeckt.

In der Kultur ist Thymian nicht anspruchsvoll. Er kommt gut mit trockenen, vollsonnigen Standorten zurecht. Ist es aber zu trocken, wird das Aroma im Sommer schnell harzig. Und wenn Sie nicht alles abgeerntet haben, können Sie dies auch gerne noch im Winter tun. Gehen Sie aber nicht zu radikal vor, damit die Pflanze keinen Frostschaden erleidet.

Vogelmiere

chickweed, starweed (engl.), mouron blanc (franz.), stellaria (ital.)

Botanischer Name: Stellaria media

Familie: Caryophyllaceae, Nelkengewächse

Synonyme: Hühnerdarm, Hühnermiere

Herkunft: Europa, Asien bzw. weltweit eingebürgert; Anbau auf gut mit Humus versorgten Äckern oder Gartenland.

Pflanze: kleine, krautige, flach wachsende Pflanze, deren ei- bis herzförmige kleine Blätter paarweise am Stängel stehen. Dieses unauffällig weißblühende und trotzdem wohlbekannte Unkraut wächst fast das ganze Jahr.

Die unterschiedlichen Saponine, Phytosterole und Flavonoide helfen bei Hauterkrankungen und sei es nur, dass sie Juckreiz lindern. Wenn Sie sich mit einer Brennnessel gestritten haben, tröstet Sie die Vogelmiere: zerreiben Sie das Kraut einfach auf der betroffenen Hautpartie.

Von der Vogelmiere erntet man die Triebspitzen, die noch schön dicht mit Blättern umgeben sind. Manchmal sind dies nur 2 cm, manchmal auch wesentlich mehr. Das hängt davon ab, von welcher Stelle an der Stängel zäh zu werden beginnt. Der Daumennagel ist also optimales Ernte- und Prüfinstrument, wenn es darum geht, erstklassiges Grün zu ernten. Sonst ist die Messerklinge auch erlaubt. Das schöne Grün schmeckt original nach jungem Mais.

Waldmeister

sweet woodruff (engl.), gaillet odorant, aspérule odorante, petit muguet (franz.), caglio odoroso, stellina odorosa (ital.), aspérula odorosa (span.)

Botanischer Name: Galium odoratum

Familie: Rubiaceae, Rötegewächse

Herkunft: Europa

Pflanze: dichte Matten bildendes Kraut, dessen schmale Blätter in Quirlen am Stängel sitzen; bis zu 40 cm hoch. Im Mai erscheinen viele kleine weiße Blüten. Wie der Sauerklee mag der Waldmeister keine Sonne, allerdings steht er nicht ganz so dunkel. Um sich der anderen Kräuter zu erwehren, die dort auch gerne stünden, scheiden seine Wurzeln Stoffe aus, die andere Arten nicht mögen. Das macht es dem Gärtner einfach, an einer sonst schwierig zu bepflanzenden Stelle ein attraktives Kraut anzusiedeln, das sich nicht nur selbst sauber hält, sondern im Herbst auch Unmengen Laub verschluckt. Von Mai bis in den September hinein lassen sich Triebspitzen ernten, um sie in der Küche oder im Kleiderschrank zu verwenden. Wie man das Aroma am besten erhält (frisches Kraut duftet so gut wie gar nicht), steht im Rezeptteil. In den Kleiderschrank aber legt man es, um Motten fern zu halten.

Wiesenkerbel

cow parsley (engl.), cerfeuil des prés, cerfeuil sauvage (franz.), cerfoglio (ital.)

Botanischer Name: Anthriscus sylvestris

Familie: Apiaceae, Doldenblütengewächse

Herkunft: Europa

Pflanze: farnartige Blätter mit leichter Behaarung, Blattstängel an der Basis oft rötlich, Stängelquerschnitt mit einer deutlichen »Rinne«. Laub bis zu 70 cm hoch, die weißen Blütendolden stehen ca. 130 cm hoch.

Erwarten Sie vom Wiesenkerbel nicht das liebliche Aroma des Küchenkerbels. Auch ähnelt es nicht dem des Myrrhenkerbels. Der Wiesenkerbel schmeckt wie eine Mischung aus Karotte und Petersilie.

Diese Pflanze kommt mittlerweile derart oft in der Landschaft vor, dass man sie als essbares Wildkraut nicht außer Acht lassen sollte. Jedoch ist Vorsicht geboten. Verwechseln Sie dieses Kraut bitte nicht mit dem Schierling (Conium maculatum). Dies ist eines der giftigsten Kräuter in Europa und sieht dem Kerbel sehr ähnlich. Ein Genuss des falschen Krautes bringt die zweifelhafte Ehre mit sich, den gleichen Tod erlitten zu haben wie Herr Sokrates.

Ysop

hyssop (engl.), hysope, herbe sacrée (franz.), issopo (ital.), hisopo (span.)

Botanischer Name: Hyssopus officinalis

Familie: Lamiaceae, Lippenblütengewächse

Synonyme: Eisop, Josefskraut

Herkunft: Südeuropa, Naher Osten, Südrussland

Pflanze: mehrjähriger, verholzender, bis zu 60 cm hoher Strauch mit kleinen ledrigen Blättern. Die Blüten sind meist violett, aber es gibt auch weiße und rosa Sorten.

Es gibt ein deutliches Missverhältnis zwischen der Zahl der Erwähnungen des Ysops in der Gartenliteratur und der Zahl der Rezepte. Möglicherweise liegt ersteres daran, dass der Ysop nett aussieht, sehr pflegeleicht ist und in der Blütezeit umgeben ist von einem summenden Schwarm von Wildbienen, Hummeln und Schmetterlingen. Im Aroma ist er aber schwerer zu fassen. Wir sind der Meinung, eine Mischung aus Thymian und Bohnenkraut vor uns zu haben. Und entsprechend setzen wir den Ysop ein: zu fettem Fleisch und Hülsenfrüchten. Oder auch überraschend anders – schauen Sie in die Rezepte!
Übrigens ist der Ysop außerdem ein traditionelles Heilkraut. Er wirkt verdauungsfördernd.

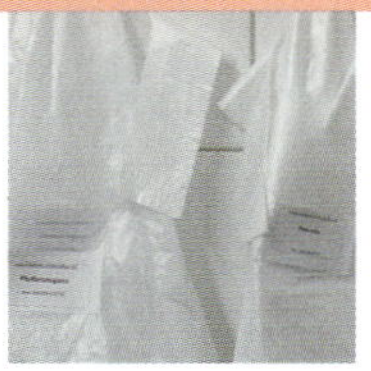

Literaturhinweise

Van Wynk, Wink, Wink (2004) · Handbuch der Arzneipflanzen · Wissenschaftliche Verlagsgesellschaft, Stuttgart

Aichele D., Schwegeler H.-W. (2000) · Die Blütenpflanzen Mitteleuropas · Franckh-Kosmos Verlag, Stuttgart

Liebster, Günther (2002/2003) · Warenkunde Obst & Gemüse, Band 2 Gemüse
Notter/Rosenblatt/Zogbaum (2004) · Das große Buch der hundert Gewürze und Kräuter
Beide Walter Hädecke Verlag, Weil der Stadt

Internet-Quellen

Ein schier unerschöpflicher Pool zu allem, was Sie schon immer über die Verwendung von Pflanzen wissen wollten (in englischer Sprache: Plants for a future – 7000 useful Plants): www.pfaf.org

Foto-Galerie mit Pflanzendatenbank: Praxis-Infos für Naturfreunde - Hauptthemen: Naturnaher, pflegeleichter Garten und Botanik, Bestimmung von Wildblumen: www.gartendatenbank.de

Umfangreiche private Website zum Thema Pflanzen, Garten, Kräuter und passende Literatur: www.garten-literatur.de

Über die Autoren

Ralf Hiener entstammt einer Schwarzwälder Gastronomenfamilie, erlernte den Beruf des Kochs von der Pike an und sammelte während seiner Wanderjahre die ersten Erfahrungen mit Wildkräutern. Er entdeckte seine Liebe für die mediterrane Küche und mit ihr den Reichtum südländischer und regionaler Kräuter. Bei Hädecke sind von ihm die Bücher »Hanf – das Kochbuch« und »Ingwer – Rezepte & Gesundheit« erschienen.

Olaf Schnelle begann schon als Sechsjähriger zu gärtnern, studierte nach einer klassischen Gärtnerlehre an der Humboldt-Universität zu Berlin und bildete sich parallel dazu am Permakultur-Institut e.V. weiter. Mit der Kultur von Wildkräutern betrat er echtes Neuland. Zusammen mit Ralf Hiener gründete er die Wildkräuter-Gärtnerei, die weit über die Grenzen Vorpommerns bekannt ist für ihre einzigartige Auswahl an Würz- und Wildkräutern.

Anne Freidanck arbeitet nach klassischer Fotografenausbildung als freie Foodfotografin für »Brigitte«, »Schöner Wohnen Decoration«, »schöner essen« und andere bekannte Magazine. Die Freude am eigenen Garten und an kulinarischen Überraschungen spiegelt sich in ihren Fotos für die »Essbaren Landschaften«.

Einkaufstipps

Gute Lebensmittel

Seit 1990 erste Wahl in Sachen Lebensmittel und Feinkost – nicht nur für die Gastronomie, sondern auch für private Feinschmecker im Internet: die Firma Bos Food GmbH aus Meerbusch:

Bos Food GmbH
Fon:+49 (0) 21 32 / 139-0
www.Bosfood.de

Essig und Öl

Bestes Olivenöl direkt vom Bauern:
arte Fakt
Am Bogen 5 · 27412 Wilstedt
Fon: +49 (0) 42 83 / 98 13 17
Fax. +49 (0) 42 83 / 98 13 19
www.artefakten.net

Feinste Essige:
Gegenbauer
Waldgasse 3 · A-1100 Wien
Fon: +43 (0) 1 / 604 10 88
Fax: +43 (0) 1 / 604 10 88 22
www.gegenbauer.at
Bezug in Deutschland u. a. auch über Bos Food

Frische Wild-Schnittkräuter, Gelees, Pesto, Blüten, Aromasalze und -zucker:
Essbare Landschaften GmbH
www.essbare-landschaften.de

(Wild-) Kräuter-Spezialsortimente

herb's Bioland

Gärtnerei & Pflanzenversand
Stedinger Weg 16 · 27801 Dötlingen
Fon: +49 (0) 44 32 / 94 00 3
Fax: +49 (0) 44 32 / 94 00 4
www.herb-s.de

Kräuter- & Wildpflanzenversand Strickler

Lochgasse 1 · 55232 Alzey
Fon: +49(0) 67 31 / 38 31
Fax.: +49(0) 67 31 / 39 29
www.gaertnerei-strickler.de

Hof Berg-Garten GbR

Wildpflanzen für Blumenwiese & Naturgarten
Lindenweg 17 · 79737 Herrischried
Fon: +49 (0) 77 64 / 239
Fax: +49 (0) 77 64 / 215
www.hof-berggarten.de

Staudengärtnerei Gaissmayer

Jungviehweide 3 · 89257 Illertissen
Fon: +49 (0)7303 7258
Fax: +49 (0)7303 42181
www.gaissmayer.de

Kräuter-Seminare und Führungen, Kochkurse und mehr:

Kräuterpfad · 28215 Bremen

Dipl.-Landschaftsökologin Petra Eggers
www.kraeuterpfad.de

Wiesengenuss · 67067 Ludwigshafen

Dipl.-Biol. Ute Mangold
www.wiesengenuss.de

Simply Wild · 70182 Stuttgart

Dr. rer. nat. Markus Strauß
www.simply-wild.de

Calendula Kräutergarten · 70378 Stuttgart

Christel und Dieter Berweiler
www.calendula-kraeutergarten.de

Kräuterfachfrau Maria Vogt · 77871 Renchen-Ulm

www.aum-vogt.de

Sambuca e. V. · 77955 Ettenheim

Netzwerk für Heilpflanzenwissen
www.sambuca-netzwerk.de

Gesundheitsstudio Olivo · CH-6653 Verscio TI

Erica Bänziger
www.ericabänziger.ch

Die hier aufgeführten Adressen sind eine kleine Auswahl und erheben keinen Anspruch auf Vollständigkeit.

Stichwortverzeichnis

Allgemeine Stichwörter

Kräuter

Lateinische Begriffe

Rezepte

s. Inhaltsverzeichnis Seite 2–4

Stoffgruppen

Impressum

www.haedecke-verlag.de

Fotos: Anne Freidanck
Lektorat: Mo Graff, Weil der Stadt
Gestaltung & Satz: Julia Graff, Design & Produktion, Stuttgart
Reproduktionen: LUP AG, Hürth
Gesamtherstellung: Westermann, Zwickau

4 3 2 | 2015 2014 2013 2012

Printed in Germany

ISBN 978-3-7750-0540-1

Anne Simonet-Avril

Lavendel – der Duft des Südens

Das große Buch über die traditionsreiche Pflanze des Mittelmeer-Raumes. Alles Wissenswerte in Wort und Bild: Anbau, Ernte, Land und Menschen, Destillationsverfahren und Öle, raffinierte Rezepte für Kosmetik, Parfüm, Anwendungen im Haus oder in Menüs von Sterneköchen. Mit zahlreichen Adressen von Museen, Destillerien, Gärten und Festen.

ISBN 978-3-7550-0438-6

Valérie Cupillard

Keime & Sprossen – Köstliche Kraftpakete aus der Küche

Gesunder Genuss fürs ganze Jahr: Entdecken Sie die Vielfalt der Keime und Sprossen mit leckeren, raffinierten und einfachen Rezepten, Hinweisen zum Selberziehen der Keime aus Getreidekörnern, Hülsenfrüchten und Samen und Informationen über die gesundheitlichen Aspekte.

ISBN 978-3-7750-0484-8

Thuri Maag und Theres Berweger

Basilikum – viel mehr als ein Küchengewürz

Basisinformationen zu 16 Basilikumsorten. Geschichte, Herkunft, Anbau, Verwendung. Rezepte von Drinks und Hauptgerichten bis zu Gebäck und Desserts.

ISBN 978-3-7750-0476-3

Lucas Rosenblatt und Theres Berweger

Minze – Feuer und Eis für Küche und Wohlbefinden

Es gibt über 300 Minzsorten und ihre Verwendung geht weit über Tees oder Minzsauce zum Lamm hinaus! Hier werden 28 gut erhältliche Minzen ausführlich vorgestellt, von feurig-scharf bis fruchtig-mild. Tipps zum Sammeln und für den Anbau sowie viele Rezepte für Leib und Seele.

ISBN 978-3-7750-0444-2

Thuri Maag und Erika Lüscher

Thymian – Warenkunde & Rezepte

Südlicher Aromenzauber mit 18 Kräuterporträts, naturnahen sommerlichen Rezepten fürs ganze Jahr und einem Extrakapitel zu Gesundheit & Wohlbefinden.

ISBN 978-3-7750-0528-9